新课标

中国篮协E级教练员培训指定用书

小篮球
教师指导手册

MINI BASKETBALL

中国篮球协会 编著

北京体育大学出版社

策划编辑：赵海宁
责任编辑：李光源
责任校对：潘海英
版式设计：谭德毅

图书在版编目（CIP）数据

小篮球教师指导手册 / 中国篮球协会编著. —— 北京：北京体育大学出版社，2022.9
　ISBN 978-7-5644-3730-5

　Ⅰ. ①小… Ⅱ. ①中… Ⅲ. ①篮球运动—小学教师—手册 Ⅳ. ①G623.83

中国版本图书馆CIP数据核字（2022）第155061号

小篮球教师指导手册
XIAOLANQIU JIAOSHI ZHIDAO SHOUCE
中国篮球协会　编著

出版发行：	北京体育大学出版社
地　　址：	北京市海淀区农大南路1号院2号楼2层办公B-212
邮　　编：	100084
网　　址：	http://cbs.bsu.edu.cn
发 行 部：	010-62989320
邮 购 部：	北京体育大学出版社读者服务部 010-62989432
印　　刷：	北京瑞禾彩色印刷有限公司
开　　本：	710mm×1000mm　1/16
成品尺寸：	170mm×228mm
印　　张：	11.25
字　　数：	198千字
版　　次：	2022年9月第1版
印　　次：	2022年9月第1次印刷
定　　价：	69.00元

（本书如有印装质量问题，请与出版社联系调换）
版权所有·侵权必究

编委会

主　任

姚　明

副主任

许闽峰

编委会成员

曹燕飞

主　编

宋占军

副主编

宫　彬　史红亮　刘焕然

编　委

刘永峰　徐昶楠　闫俊涛　卢钦龙　鲁志民
李　波　李　蕾　安梓洲　刘　伟　王一川
贾　萌　王　强　魏　亮　王　琪　薛春凤
王宇飞　田　涛　张首文　马　伟

序

亲爱的体育教师们：

很高兴你们翻开这本书。小篮球运动是一项适合12岁以下（包括12岁）的少年儿童参与的篮球运动。它具有教育价值高、锻炼作用强、场地器材简单、规则容易理解等特点，深受广大少年儿童的喜爱。自2017年中国篮球协会推出以"小篮球 大梦想"为主题的"中国篮协小篮球发展计划"以来，小篮球运动在我国广袤的土地上迅速开展起来，成千上万的少年儿童参与小篮球运动当中。小学生是小篮球运动的主要参与者，学校是学生参与小篮球运动的主要场所。体育教师肩负着引导学生掌握小篮球技能、形成健康生活方式、培养良好品德的重任。

在当前的学校小篮球教学实践中，体育教师面临着教学体系欠成熟、单元设计欠合理、教学方法陈旧、缺少竞赛应用、活动组织形式单一等问题。面对如此众多的问题，体育教师应如何科学、合理地开展校园小篮球活动呢？首先，要全面深入理解《义务教育体育与健康课程标准（2022年版）》的精神，坚持"健康第一"的指导思想，以培养学生的核心素养为目标，让学生通过对小篮球运动的学习，形成全面的篮球技能、良好的健康习惯和优秀的体育品德。其次，要以核心素养为指导，遵循篮球运动的特性和规律，应用基于比赛的小篮球教学理念，设计完整的学校小篮球教学体系。最后，要坚持"教会、勤练、常赛"的宗旨，用更加高效和丰富的教学方法，让学生感受立体和全面的小篮球运动。

中国篮球运动的普及和发展离不开基层体育教师的努力和奉献，为了让"小篮球 大梦想"的口号得以实现，需要我们每一位基层体育教师在教学实践中不断反思和改进。聚沙成塔，集腋成裘，大家的努力必将带来中国篮球事业的大发展。到那时，篮球一定会成为日常生活中不可或缺的重要组成部分，成为学生健康成长、实现自己梦想的一种重要方式。

中国篮球协会
2022年6月

前言

　　篮球运动自问世以来，深受广大少年儿童的喜爱。作为全民健身和学校体育运动的重要方式，篮球运动也是落实《"健康中国2030"规划纲要》和《体育强国建设纲要》文件精神，建设体育强国的基本力量。随着《关于深化体教融合　促进青少年健康发展的意见》《关于进一步减轻义务教育阶段学生作业负担和校外培训负担的意见》等文件的出台，特别是《义务教育体育与健康课程标准（2022年版）》的颁布，如何更好地发挥小篮球项目的教学优势，围绕核心素养的培养，创造性地开展校园篮球运动，落实"教会、勤练、常赛"要求，注重"学""练""赛"一体化教学，帮助学生在篮球运动中享受乐趣、增强体质、健全人格、锤炼意志，已经成为每一所学校和每一位体育教师应该研究的课题。

　　为了帮助广大体育教师科学选择篮球教学内容，有效开展校园篮球"学""练""赛"活动，中国篮球协会小篮球课题组特编写了这本《小篮球教师指导手册》。

　　《小篮球教师指导手册》共八章：第一章小篮球教学理论概述，包括小篮球教学的目的、任务与原则，小篮球教学的内容与特点，小篮球教学的目标与要求。第二章基于比赛情境的小篮球教学理念，目的是实现小篮球教学与比赛情境相结合，让学生在比赛氛围内体验小篮球带来的乐趣。第三章基于比赛情境的小篮球单元教学，力求以大单元教学的组织形式，让学生通过较长时间的连续学练，完整地体验小篮球项目，掌握小篮球技能。第四章基于比赛情境的小篮球技战术课堂教学，结合"教会、勤练、常赛"的要求，以教学案例的形式展示基于比赛的小篮球课堂教学是如何开展的。第五章小篮球教学游戏的分类与设计，将小篮球游戏分为运球类、传球类、投篮类、综合素质类和综合能力类，向体育教师介绍一些适合课堂教学、课间嬉戏和举办竞赛活动的小篮球游戏。第六章小篮球与跨学科主题学习，旨在通过小篮球与多学科实现融合教学，引导学生在体育运动中综合运用数学、语文、英语、音乐、美术、科学和信息技术等知识与技能。第七章校园"小篮球欢乐季"活动的组织与实施，则以工作组织流程为主线，通过流程图、工作表、现场照片的形式展示活动组织的全貌。第八章小篮球竞赛规则与组织编排，主要介绍了小篮球不同竞赛形式的规则，以及简单的竞赛编排方法与原则，以提高教师的竞赛组织能力。

《小篮球教师指导手册》将与已出版的《小篮球规则》《小篮球运动图解》《小篮球教练员指导手册》《小篮球运动基础技术动作规范指导手册》和待出版的其他小篮球图书一起，构成小篮球运动系列丛书，为参与小篮球运动的体育教师、教练员、裁判员、小球员、家长等不同人群提供多方位的支持，为新时代我国小篮球运动的健康、稳定、持续发展提供坚实保障和推进动力。

本书可作为学校体育教师、教研员、小篮球教练员的教学参考用书，也可作为体育院校教师、体育专业本科生和研究生的参考教材。本书在编写过程中得到了中国篮球协会、中国篮球协会青少年委员会和北京体育大学教授贾志强、首都体育学院教授于振峰、首都体育学院副教授薛正武、北京教育科学研究院基础教育教学研究中心教研员樊伟、北京教育学院副教授韩兵、篮球高级教练员董玮，以及一大批优秀的一线篮球教师和教练员的大力支持和帮助。在本书出版之际，向所有提供帮助和支持的单位和个人致以诚挚的谢意。

衷心希望专家、读者、同人能为本书提出宝贵的意见和建议，我们将在后续的研究中不断完善和丰富。

中国篮球协会小篮球课题组
2022 年 6 月

目 录

第一章　小篮球教学理论概述　　1

第二章　基于比赛情境的小篮球教学理念　　9

第三章　基于比赛情境的小篮球单元教学　　15

第四章　基于比赛情境的小篮球技战术课堂教学　　55

第五章　小篮球教学游戏的分类与设计　　99

第六章　小篮球与跨学科主题学习　　133

第七章　校园"小篮球欢乐季"活动的组织与实施　　145

第八章　小篮球竞赛规则与组织编排　　155

第一章 小篮球教学理论概述

小篮球运动是小学体育球类教学的主要内容，小篮球运动的专业知识和教学技能是小学体育教师实现新时代育人目标必须掌握的基本理论知识和实践能力。通过专业学习，使体育教师初步掌握小篮球运动的基本理论知识和育人功能，明确小篮球运动教学的目的、任务与原则，了解小篮球运动教学的内容与特点，以及教学方法的运用，探索现代校园体育教学的规律，提高小篮球运动教学的效果，进而促进整个小学体育课程教学质量的提升，为进一步发展素质教育、深化课程改革服务，为促进学生健康、全面发展服务。这是一件非常重要和有意义的创新实践工作。

第一节　小篮球教学的目的、任务与原则

小篮球教学是小学体育教学的组成部分，是实现小学体育教学目的和任务的环节之一。因而，小篮球教学必须从小学整体的教学任务出发，确定其目的、任务与原则。

● 小篮球教学的目的和任务

目的　深入贯彻落实全民健身国家战略，推进健康中国建设，厚植以青少年为根基的篮球人口，让篮球运动更好地满足人民群众对美好生活的需要，帮助学生在篮球运动中享受乐趣、增强体质、健全人格、锤炼意志，促进学生身心健康全面发展。

任务
- 落实"立德树人"根本任务和坚持"健康第一"指导思想，以发展学生"核心素养"为方向，全面、系统地规划完整、综合的小篮球运动教学体系。
- 落实"教会、勤练、常赛"要求，注重小篮球"学、练、赛"一体化教学，坚持课内外有机结合，指导学生掌握小篮球技能、提高健康水平和形成良好的体育品德。
- 加强小篮球运动课程教学内容的整体化设计，建立结构化的知识内容体系，构建不同年级间教学内容的横向联系和同年级内教学内容的纵向衔接。
- 重视教学方式的改革，从"以知识与技能为本"向"以学生发展为本"转变，从"教师中心"向"学生中心"转变，采用完整的学习活动，创设多种复杂的运动情境，设置适宜的运动负荷等。
- 注重教学评价的真实有效，依据评价目的、评价内容、评价主体、评价情境等实际情况，采用多样化的评价方式；注重过程性评价与终结性评价、定性评价与定量评价、相对性评价与绝对性评价、教师评价与学生评价相结合，积极探索增值评价，健全综合评价。

● 小篮球教学的原则

小篮球运动是体育教育的重要组成部分,应落实"立德树人"根本任务和素质教育的要求,凸显小篮球运动育人的本质特征和不可替代的育人功能,通过小篮球运动教学促进学生全面发展。小篮球教学应遵循以下基本原则:

一、面向全体与关注个体差异相结合

在小篮球教学中应充分注意到学生在身体条件、兴趣爱好和运动技能等方面的个体差异,并根据这种差异性确定学习目标和评价方法,保证绝大多数学生能够完成学习目标,使每个学生都能体验到小篮球的乐趣。

二、发展身体活动能力与增强体质相结合

在小篮球教学中,知识、能力、意识与增强体质是相辅相成的。要注意小篮球运动的特点,将小篮球技术动作作为锻炼身体的有效手段,在技术、技能传授的过程中,合理地安排练习密度和强度,以利于促进学生身心全面发展。

三、理论与实践相结合

充分指导学生动体与动脑相结合,使科学锻炼能力在理论与实践的结合中得到提高。如:教学中有目的地结合教学内容,介绍小篮球运动规律、规则的基础知识,引导学生在游戏和竞赛中学习、掌握安全运动的方法,增强自我保护意识,懂得安全、有序地进行小篮球运动。

四、课内与课外相结合

小篮球教学仅仅只有课堂教学是不够的,还需要结合相应的课外活动进行。课外活动具有较强的灵活性和选择性,积极开展课外小篮球活动(如小篮球训练、小篮球赛、小篮球节等)可以满足学生不同的兴趣和需求,有利于发挥学生的特长和弥补课堂教学的不足。

教学原则

第二节　小篮球教学的内容与特点

⊙ 小篮球教学的内容

小篮球教学的内容主要包括基础知识与基本技能、体能、技战术运用、展示与比赛、规则与裁判法、观赏与评价六个部分。

类别	内容		详细内容
基础知识与基本技能	知识	起源与发展	小篮球起源、小篮球发展历程、中国小篮球发展历程
		技战术要点	单个技术和组合技术的方法及应用介绍
	技能	攻防基本姿势	无球进攻准备姿势、持球"三威胁"姿势、防守准备姿势
		移动	进攻移动：跨步急停、跳步急停 防守移动：侧滑步、后撤步、追堵步
		运球	高、低运球，体前变向运球，转身运球
		传接球	双手胸前传接球、双手头上传球、双手击地传球、单手胸前传球、单手体侧传球
		投篮	单手肩上投篮、行进间高手投篮
		突破	交叉步突破
体能	速度与力量		加速跑、变速跑、身体对抗游戏等
	灵敏与协调		绳梯训练、变向跑、侧身跑、折返跑等
	平衡		单脚跳、双脚跳等
技战术运用	游戏		运球、传球、投篮结合游戏，攻防游戏
	进攻战术		传切配合
	防守战术		人盯人防守
展示与比赛	展示		示范展示、花式篮球表演、篮球方阵表演等
	比赛		小篮球游戏赛、课课赛、班级联赛等
规则与裁判法	规则、裁判法		小篮球规则、小篮球游戏规则、裁判手势
	行为准则		竞赛礼仪：赛前、赛中、赛后礼仪，球队席礼仪等
观赏与评价	传统电视、网络媒体、现场观看		观看国际、国内篮球赛事并进行简要评价
	现场观看		观看校际篮球赛、校内班级篮球赛并进行简要评价

4　小篮球教师指导手册

⊙ 小篮球教学的特点

从小篮球教学的内容可以看出，其特点主要是：

多以游戏和小篮球技能相结合的形式出现	内容精炼实用，重点突出	注意小学生年龄特点，循序渐进、打好基础
通过丰富多彩的游戏内容，让学生熟悉球性，提高对球的控制能力，对小篮球产生兴趣，自觉、积极地投入到运动中去	教学内容比较全面、系统地反映了小篮球运动各个主要环节的特点，而且选材精炼	如基本技术的教学安排是从原地动作到行进间动作，从单个技术到综合技术，从基本技术到简单战术配合，从游戏到教学比赛等

第三节　小篮球教学的目标与要求

⦿ 小篮球教学的目标

2018年，习近平总书记在全国教育大会上指出："要树立健康第一的教育理念，开齐开足体育课，帮助学生在体育锻炼中享受乐趣、增强体质、健全人格、锤炼意志。"体育的综合育人功能通过教学与竞赛能够得到充分的发挥。

目标1 运动能力目标：积极参与小篮球项目的游戏和比赛，形成运动兴趣；发展体能水平，掌握小篮球运动的基础知识和基本原理，理解小篮球规则；经常观看各类篮球比赛，并能简要分析比赛中的现象和问题，形成积极的体育态度

目标2 健康行为目标：了解小篮球运动对于健康的重要性，积极参与校内外小篮球活动，形成体育锻炼的意识和习惯；掌握常见运动损伤的知识与处理方法，并运用到运动实践当中；理解小篮球运动对于心理健康的积极影响，学会调控自己的情绪，积极应对挫折和失败，保持良好心态；主动同他人交流与合作，学会适应自然环境

目标3 体育品德目标：积极参加小篮球运动，当遇到困难或挑战自身身体极限时，在保证安全的前提下能够克服困难，坚持到底，与同伴一起顽强拼搏；遵守小篮球游戏和比赛规则，尊重对手、尊重教练员和裁判员，诚实守信，公平竞争；充满自信，尊重他人，具有较好的竞赛礼仪，能正确看待成败

小篮球教学的要求

1. 注重运动环境的安全
小篮球作为身体对抗项目，不可避免地潜藏着一定的风险性。从事教学的体育教师应当定期对场地和器材进行检查，无论是组织教学、课余活动还是训练比赛都要确保学生的身心安全

2. 注重传授基本技战术的应用
向学生传授小篮球的基本技战术时，体育教师要时刻想到篮球运动是一项积极的身体活动游戏，因此要确保他们从学习和参与中获得乐趣。这就要求体育教师根据学生的年龄特征及小篮球的发展规律，合理选择教材、教法，以帮助学生在学习中发挥出自己最大的潜能

3. 注重传授篮球规则知识
在进行技能教学的基础上，体育教师还要向学生介绍小篮球运动的基本竞赛规则（如在教授行进间运球时，介绍带球走、两次运球和携带球违例等规则），并且在教学过程中找机会带领学生学习这些规则

4. 注重结构化的技战术教学理念
引导学生关注知识与技能的整体性、结构性和关联性，注重提高学生在游戏比赛情境中运用知识与技能的能力，尽量避免单一、孤立的知识与技能的教授

5. 注重培养学生的优良品格
优良品格包括认真学习、充满爱心、诚实有礼、拼搏进取、勇于担当等。这些品格养成的重要性丝毫不亚于技能提升的重要性。例如，在教授学生如何打比赛时，体育教师要强调与同伴配合，遵守规则，尊重对手，指导学生在规则允许的范围内夺取胜利，并使他们了解自己在球队胜利中所发挥的作用

体育教师在教学实践中，要把握好小篮球的特性，在强调对抗性与协同性的同时，还要注意小篮球的多元性与观赏性，只有这样才能使其充分发挥健身、益智、教育的功能。为了达到技战术训练的要求，体育教师需要针对不同年级的学生设计不同的活动，平衡全体与个体、理论与实践、课内与课外之间的关系，找准结合点，设计游戏、精炼内容、循序渐进，同时还要注重运动安全。只有这样，体育教师才能在传授知识、提高能力和掌握技战术的基础上增进学生身体健康，培养学生优良品格。

以上就是新时代体育教师从事学校小篮球教学时的基本理论、总体设想和要求。体育教师要时刻铭记：每个学生都是一个独立个体，都是与众不同的。教师应当为他们提供一个健康的成长环境，使每个学生都能没有顾虑地、快乐地参与小篮球的各项活动，体验和享受小篮球带来的乐趣。

第二章 基于比赛情境的小篮球教学理念

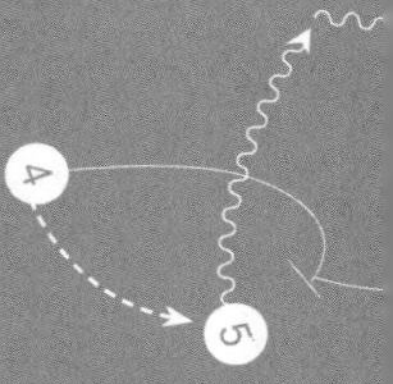

目前，小学的小篮球教学普遍存在以技术学练为主要内容的教学理念。这样的教学理念优势在于能够充分发挥教师的主导作用，带领学生按照教学计划进行教学；同时，对于较为复杂的技术或战术，也可以通过细化动作环节、逐步进行教学的方法，提高学生掌握动作的质量。但是，这样的教学理念远离现实的小篮球活动和竞赛，不能让学生真正理解小篮球这项运动，并喜欢上它。我们必须把教学与小篮球比赛情境相结合，让学生在比赛氛围内体验小篮球带给他们的乐趣。

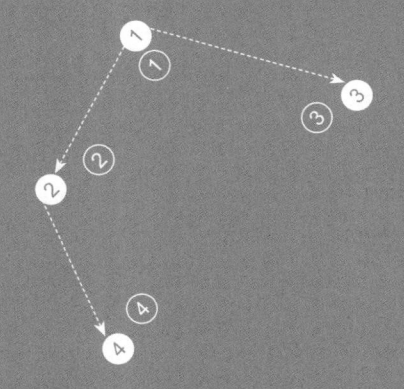

第一节　基于比赛情境的小篮球教学概念

基于比赛情境的篮球教学训练理念是由国际篮球联合会（以下简称"国际篮联"）提出的。对于小篮球运动来说，其要点是指教学应建立在深入理解小篮球运动规律的基础上，将技战术要点以及在比赛中的应用要求作为教学的核心，在教学环节的设计上接近真实小篮球比赛的情境，让学生在"真实"的情境中学练，掌握技战术规范，发展技战术运用能力、观察思考能力、随机应变能力，培养团队精神、规则意识和社会责任感。

基于比赛情境的教学通过"教会""勤练""常赛"三个核心要素来实现。

教会 → 通过教师的讲解、示范等多种方式，学生能够真正了解技战术要点和在比赛中的应用要求

勤练 → 根据技战术在比赛中的应用要求，有针对性地选取比赛中的典型情境并转化为适合学生练习的情境，让学生在接近真实比赛的情况下进行技战术的学练，不断巩固和提升技战术水平

常赛 在教学中设计特定的比赛形式，让学生把学到的技战术应用要求进行实战提升，以达到真正掌握小篮球运动技能的目的

第二节　基于比赛情境的小篮球教学要点

基于比赛情境的小篮球教学作为一种更具时效性、更先进的教学理念，有着明显区别于其他常规小篮球教学的要点，主要有以下五个方面。

● 从系统论的视角构建小篮球知识技能体系

问题：

以往的小篮球教学欠缺从系统论的角度思考小篮球教学的意识，更关注单项技战术教学，没有把所教技战术进行系统整合，形成完整的小篮球运动体系。这样做的直接的结果是学生对小篮球运动学习的零散和不系统，甚至通过六年的学习仍无法形成一个完整的小篮球运动的概念。

对策：

　　从系统论的角度出发，以不同年龄学生能够进行相应层次的小篮球竞赛为目的，从小篮球技战术中有针对性地选取核心和必要的内容，并将所有内容进行整合，使小学阶段的小篮球教学形成一个整体。技战术在年级之内和学年之间都存在着联系和递进关系。学生对小篮球运动的认识也从点上升到线，进而扩大到面，最终形成完整的知识技能体系。

● 依托比赛服务比赛的教学理念

问题：

　　当前学校小篮球教学的思路：小篮球技战术方法学习与巩固—简单的小篮球游戏体验。这种"技战术学练—比赛"的教学思路的最大问题是：技战术学练脱离比赛实际，学生无法理解技战术学练的目的，并不能将技战术很好地应用到比赛当中，真正形成参与比赛的能力。也就是说，当前的小篮球教学思路无法真正实现学生从技战术学习到比赛能力的转变。

对策：

　　充分重视比赛的重要性，明确技战术的使用要求是源于比赛和服务比赛的。在教学之前一定要依据小篮球比赛的实际情况，归纳总结技战术在比赛当中应用的具体要求，结合学生的心理和生理特性，将技战术的具体要求进行简化和修改，真正形成适合学生的基于比赛情境下的技战术学练方法和比赛形式。

⦿ 贴近实战的教学和比赛方法

问题：

一、脱离比赛的练习方法

举例：运球练习的主要步骤

1. 原地及行进间左、右手运球练习；

2. 抬头运球练习；

3. 原地及行进间左、右手交替运球练习；

4. 闭眼左、右手交替运球或闭眼原地运球听信号快速变向换手运球练习；

5. 原地运球接变向换手运球与跨步结合练习；

6. 行进间之字形体前变向运球练习；

7. 面对标志物进行体前变向运球练习。

运球技术的练习从头至尾都是个人的技术学练，根本没有涉及运球在比赛中应用的要求。在这种情境下，学生无法体会到比赛中对运球技术动作有什么要求、不同的运球形式如何灵活运用等内容。同样的情况也出现在其他小篮球技战术的学习中。

二、与比赛无关的游戏或对抗

常见的课堂教学基本部分最后环节的游戏或对抗与技战术的应用掌握无关，与比赛无关，无法真正提升学生应用技战术的能力。

对策：

一方面，由于小篮球比赛的开放和情况多变，应用要求相对较多，因此可以设计丰富的应用练习方法，让学生在不断变化的练习中学习，这种形式将非常有利于提升学生学习技战术的效率。另一方面，在技战术练习之后，一定要设计相应的比赛形式进行练习和应用。形式可以是一对一、二对二的简单形式，也可以是三对三、四对四或者五对五的正式比赛形式。

把握攻守平衡的教学思想

问题：

目前，我国小篮球教学（包括教材）中强调的是进攻技术，如投篮、传接球、运球等，而对于防守技术的教学除简单的脚步动作以外，几乎没有涉及。这样一条腿长、一条腿短的情况，直接影响了小篮球教学的质量。

例如：在"团队传接球"游戏中，要求组内1人防守，其他人之间相互传球，看同一时间内哪一组成功传球次数最多。这样的游戏形式看似既练习了进攻技术又练习了防守技术，但实际的情况是，为了让本组取得更多的传球次数，防守的队员就不会积极地进行防守，而是随意站在那里；传球队员传球时也不会考虑如何躲避防守队员的拦截。这样的攻防练习形式与真正的比赛相差甚远，根本达不到有效练习传接球的目的。

对策：

以"攻守平衡"的思想去考虑篮球教学，不仅要教进攻基本动作（运球、传接球和投篮等技术），还要教防守基本动作（防守有球队员、防守无球队员等技术）。让学生在攻守对抗中去体会进攻技术和防守技术的应用，提高实战能力，体会小篮球运动的快乐。上面的"团队传接球"游戏中，可以采用两组间对抗的形式，交换担任防守方，这样就可以达到进攻练习和防守练习兼顾的效果。

加强对小篮球规则的理解

问题：

长期以来，我国一直缺少小篮球的统一规则，各地的小篮球教学要么照搬成人篮球规则，要么简化部分成人规则，或者自行设计地区性小篮球规则。这导致了一方面在规则上并不能完全符合小学生的实际情况，另一方面由于各地要求不同，小篮球运动很难全国统一协调发展。可以说，规则的缺失直接影响了我国小篮球运动的发展。

对策：

2017年，中国篮球协会依据国际篮联《小篮球规则》（MINI-BASKETBALL RULES），结合我国小学生的实际情况制定了《小篮球规则》。这是一本适合我国小学生的篮球规则，填补了我国一直以来没有小篮球统一规则的空白。

其与成人篮球规则的不同之处在于：

- 针对12周岁及以下的小学生制定；
- 场地和器材均根据小学生的身体情况进行了设定；
- 取消了3分球的设定，保证了小学生技术的规范性；
- 设置了四对四和五对五的比赛形式；
- 明确了人盯人的唯一防守方式，有利于小学生个人技能的提升；
- 强调竞赛礼仪规范，发挥小篮球竞赛的育人意义。

以上这些核心规则内容的设立，极大地促进了全国小篮球运动规范和快速发展。在这种情况下，体育教师在进行小篮球教学时，一定要熟悉《小篮球规则》的宗旨和核心指导思想，并将这些内容融入日常小篮球教学当中，合理教学，提升教学质量，促进全国小篮球教学的健康蓬勃发展。

第三章 基于比赛情境的小篮球单元教学

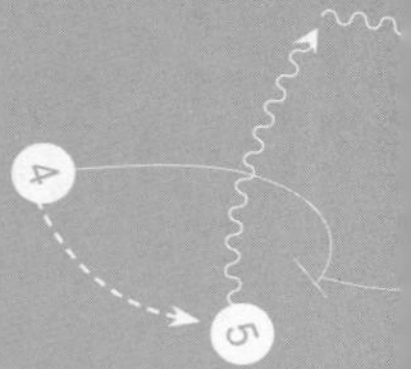

在小学，基于比赛情境的小篮球教学是以单元教学的形式进行的，每个学期一个主题，两个学期组成一个学年主题。学期单元中每节课教学活动分为学习活动、练习活动和比赛活动三个方面，对应的是基于比赛教学理念中的"教会""勤练""常赛"三个核心要点。

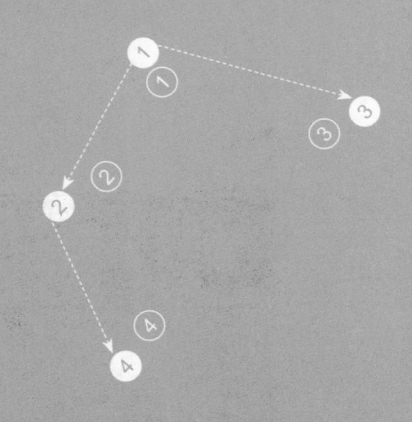

第一节　基于比赛情境的小篮球教学内容选择与安排

根据不同年龄段学生的认知能力和身体发育水平，结合不同层次小篮球比赛的要求，将小篮球运动的基础知识与基本技能、体能、技战术运用、展示与比赛、规则与裁判法、观赏与评价六个维度的内容统筹安排到小学一至六年级教学当中，实现教学内容横向和纵向的合理衔接。更重要的是，不同阶段都有学生要形成的核心篮球能力内容。

要求

1. 每学期 8 课时，每学年 16 课时，小学阶段 96 课时。
2. 一、二年级以基本活动能力和小篮球游戏为主，三、四年级以基本技术学练和初步应用为主，五、六年级以基本技战术组合应用为主。
3. 下表中数字代表该技术在特定学期的课时数。如：高、低运球在一年级第 1 学期为 "3 课时"。
4. 一、二年级以小篮球简单游戏和比赛为主要内容，三至六年级每学期都会涉及运球、传球、投篮和人盯人防守的技战术学练。随着年级的增长，技战术动作难度和应用难度也随之加大。
5. 当一个技战术在不同学期中连续出现，前两次是动作方法和比赛应用要点的新授，之后则是比赛情境下的应用学练，直至达到要求。后续不再安排课时。

第三章 基于比赛情境的小篮球单元教学

类别	内容	一年级 第1学期	一年级 第2学期	二年级 第1学期	二年级 第2学期	三年级 第1学期	三年级 第2学期	四年级 第1学期	四年级 第2学期	五年级 第1学期	五年级 第2学期	六年级 第1学期	六年级 第2学期
基础知识	起源、礼仪、技战术、规则	1	1	1	1	1	1	1	1	1	1	1	1
基本姿势	进攻与防守基本姿势	0.5	0.5	0.5	0.5								
移动	进攻与防守步法	1.5	1.5	1	1	1	1	1	1	1	1	1	1
运球	高、低运球	3	2.5	2	0.5	0.5	0.5						
运球	体前变向运球			1	2	2.5	2.5	2.5	2.5	2			
运球	转身运球									0.5	0.5	0.5	0.5
传接球	双手胸前传接球	1	1	1	0.5	0.5	0.5						
传接球	双手头上传球					0.5	0.5						
传接球	双手击地传球					0.5	0.5	0.5					
传接球	单手胸前传球							0.5	0.5	0.5	0.5		
传接球	单手体侧传球							0.5	0.5	0.5	0.5		
投篮	（原地）单手肩上投篮	1	1	1	1	1	1	2	2	1	2	2	2
投篮	行进间高手投篮									0.5	1	1	1
持球突破	交叉步突破									0.5	1	1	1
进攻战术基础配合	传切配合											1	1
一对一防守（攻防）	防守有球、无球队员		0.5	0.5	0.5	0.5	0.5	0.5	0.5	0.5	0.5	0.5	0.5
总计		8	8	8	8	8	8	8	8	8	8	8	8

第二节 基于比赛情境的小篮球单元教学案例

以下展示一至六年级的学期大单元设计内容。具体内容说明如下：

1. 每个学期大单元设计均包括主题、内容与课时、单元学习目标和单元具体内容四个部分。

2. 单元具体内容包括：专项主题（只列出核心的技能目标）、学习目标（学生习得技能的目标）、基本部分（包含学习活动、练习活动、比赛活动，对应"教会""勤练""常赛"）。

3. 单元内容的撰写从"学生的学习"角度进行，关键词包括"知道""感受""认识"等，而不是"使学生……"。这样做的目的是考虑学生的学习效果。

一年级小篮球单元教学案例

小学一年级第 1 学期

- **主题**：认识并喜欢上小篮球运动
- **内容与课时**：一年级第 1 学期 8 课时

内容	文化礼仪	进攻与防守基本姿势	变速跑和变向跑、侧滑步和后撤步	高、低运球	原地双手胸前传接球	原地单手肩上投篮	合计
类别	新授	新授	新授	新授	新授	新授	
课时	1	0.5	1.5	3	1	1	8

- **单元学习目标**

运动能力

在基本技术练习中，发展学生的协调性、灵敏性，为参与小篮球运动打下良好的身体基础。

健康行为

在体育教师的鼓励下，能够主动与同伴合作，用积极的态度感染同伴，齐心协力完成练习。

体育品德

在练习过程中，能够展现坚持、努力完成练习的意志品质；能够主动与同伴交流。

课次	专项主题	学习目标	学习活动	基本部分（学-练-赛）练习活动	比赛活动
1	介绍小篮球运动	知道小篮球与成人篮球的区别；知道参与小篮球运动的常规要求	1. 认识小篮球器材、场地和服装 2. 知道参与小篮球运动的常规要求	1. 沿线追逐跑。将学生分成两组，在两个半场进行。每组1人追，其他人在场地上跑 2. 在固定区域内，各种"玩"球（抛接球、地滚球、绕环等）	地滚球比赛 利用全场，3人一组，采取地滚球的方式，按底线—中线—底线顺序进行接力比赛
2	学习基本姿势、变向跑和变速跑	感受进攻和防守基本姿势，变向跑和变速跑等移动的方法；发展灵敏和协调能力	1. 感受进攻和防守准备姿势和"三威胁"姿势的动作方法 2. 认识边线、中线、底线 3. 感受变速跑和变向跑的动作方法	1. 听到口令后，1~2秒内快速做出防守准备姿势或进攻"三威胁"姿势 2. 以防守准备姿势开始，利用变速跑和变向跑，6~8秒内迅速从中线移动到指定的边线或底线，也可从边线或底线出发	接力比赛 从一侧底线出发跑至中线，再先后跑至左、右两侧边线，最后跑至另一侧底线。下一名学生重复以上过程。比一比哪组做得最快
3	学习侧滑步和后撤步	感受侧滑步和后撤步的移动方法；发展灵敏能力和协调能力	1. 认识罚线位置 2. 感受侧滑步和后撤步的动作方法	1. 复习变速跑和变向跑的方法，迅速移动到边线、底线跑回到中线 2. 以防守准备姿势开始，利用侧滑步和后撤步，4~5秒内迅速移动到指定罚球线、边线、中线或底线	接力比赛 从一侧底线出发，利用侧滑步或后撤步移动至中线，利用侧滑跑回出发点，下一名学生重复以上过程。比一比哪组做得最快
4	右手原地高运球练习	掌握右手原地高运球的方法，能做出正确的运球手型，提高控球能力；发展力量素质和协调能力	1. 知道原地高运球的方法，掌握运球时手五指张开，注意运球手五指张开，小心空出 2. 体验弱侧手原地高运球的感受	1. 右手原地高运球连续20次不失误 2. 尝试左手原地高运球30次	右手原地高运球比赛 1. 在规定时间（30秒）内，比一比谁运球次数多 2. 运球100次，比一比谁用的时间短
5	左手原地高运球练习	巩固右手原地高运球的动作方法，知道左手原地高运球动作，均衡左、右手运球能力；发展力量素质和协调能力	1. 知道左手原地高运球的方法、知道手型和手臂发力的位置和顺序 2. 体验两手交替原地高运球时，手对球的控制	1. 复习右手原地高运球，连续30次不失误 2. 左右手交替原地高运球，连续15~20次不失误 3. 尝试左手原地高运球3次后，换右手运球3次，交替进行，两手共运球30次	原地高运球比赛 1. 在规定时间（30秒）内，比一比谁运球次数多（先右手，再左手） 2. 两手交替运球，每只手运3次后交换，两手共运球60次，比一比谁用的时间短

续表

课次	专项主题	学习目标	基本部分（学-练-赛）		
^	^	^	学习活动	练习活动	比赛活动
6	左、右手原地高、低运球练习	能够做出迅速降低重心动作，并能控制好球，均衡左、右手运球，提高控球能力；发展力量素质和协调能力	1. 左、右手原地高、低运球的技术要点和要求 2. 根据信号，能进行左、右手原地高、低运球的交换练习	1. 左、右手原地低运球，快速运球30次不失误 2. 学习左、右手原地高、低运球的变化练习，连续5次以上不失误 3. 通过哨声的变化，进行左、右手原地高、低运球的交换练习，连续完成5次不失误	左、右手交替原地低运球比赛 1. 两人原地低运球比赛，每只手运球3次交换，两手共运球60次，比一比谁用的时间短 2. 两手交替原地低运球，每只手运球3次交换，在规定时间内，比一比谁交换的次数多
7	原地双手胸前传接球	通过游戏，能够做出近距离的原地双手胸前传接球；发展力量和身体协调能力	1. 知道原地双手胸前传球的动作方法 2. 感受近距离（1~3米）双手胸前传接球的用力方法及球的落点	1. 搬运工游戏：两人一组，间隔1米，原地双手胸前传球，将篮球迅速"搬运"到指定位置，连续传球5次不失误 2. 体验不同距离（1米、2米、3米）的传球发力大小 3. 原地双手胸前传接球接力游戏	传球比赛 1. 两人一组，间隔3米，每组传球30次，比一比哪组成功的次数多 2. 两人一组，间隔3米，在规定时间内，比一比哪组传球成功的次数多
8	原地单手肩上投篮游戏	感受原地单手肩上投篮的动作，知道协调发力和调节投篮力度；发展上肢力量和身体协调能力	1. 知道原地单手肩上投篮需要单手的正确发力，保证出手方向的准确，并有意识调节投篮力度 2. 知道篮下45度角投篮感受和击球点	1. 喜洋洋大战灰太狼游戏 方法：在篮板白框处贴反太狼的头像，反太狼头上放3滴血，学生每投进一球，太狼掉一滴血，看谁先打败灰太狼 2. 喜洋洋家族大战灰太狼家族游戏 方法：以小组为单位组成喜洋洋家族，灰太狼血量为小组人数之和的3倍，看哪组先战胜灰太狼	右侧篮下45度角投篮比赛 1. 每人在右侧篮下45度角位置投篮20次，比一比谁进球多 2. 在规定的时间内，比一比谁在右侧篮下45度角位置投篮的进球多

小学一年级第 2 学期

⊙ 主题：认识并喜欢上小篮球运动

⊙ 内容与课时：一年级第 2 学期 8 课时

内容	文化礼仪	进攻与防守基本姿势	变速跑和变向跑、侧滑步和后撤步	高、低运球	原地双手胸前传接球	原地单手肩上投篮	一对一防守	合计
类别	新授	复习	新授、复习	新授、复习	新授、复习	新授、复习	新授	
课时	1	0.5	1.5	2.5	1	1	0.5	8

⊙ 单元学习目标

运动能力

在练习中，发展速度、灵敏和身体的协调性，为参与小篮球运动打下良好的基础，感受篮球运动的魅力。

健康行为

在课堂练习中，能够主动与同伴合作，提升团队凝聚力；能主动与同伴分享篮球知识，把自己知道的球星事迹与同伴分享。

体育品德

能够积极练习，主动与同伴合作，遵守篮球游戏的规则，正确对待胜负，主动与同伴交流。

第三章 基于比赛情境的小篮球单元教学

课次	专项主题	学习目标	学习活动	基本部分（学-练-赛）练习活动	比赛活动
1	介绍小篮球明星故事	知道并讲出小篮球明星的故事，跟着小篮球明星一起完成球性练习	1. 小篮球明星故事 2. 掌握小篮球球性练习的方法	跟着小篮球明星一起进行球性练习 2. 球性进阶练习：双球练习	运球比赛 在规定时间内，比一比谁先完成双球运球50次
2	移动脚步我最棒（一）：变速跑，变向跑练习	能够根据不同的情况做出变速跑和变向跑，发展下肢力量和身体协调性	1. 感受防守准备姿势和进攻准备姿势"三威胁"的动作方法 2. 学习利用变速跑、变向跑摆脱防守的方法	1. 听口令，快速做出防守准备姿势或进攻"三威胁"姿势 2. "冰冻人"游戏。利用半场，选1~2人跑步进行抓人，以组为单位，其他人利用变速跑和变向跑摆脱防守跑逃脱。所有的人成为"冰冻人"，不能再活动。游戏结束	接力比赛 学生分为两组，每组平均分配站在两侧底线外。第一名学生从一侧底线出发，先跑至罚球线，然后跑到中线，再变向跑至另一侧底线，与同学进行接力。比一比哪组先完成
3	移动脚步我最棒（二）：侧滑步、后撤步练习	能够根据不同的情况做出侧滑步或后撤步，发展下肢力量和身体协调性	1. 学会利用侧滑步的方法 2. 学会利用侧滑步进行二人配合传接球练习的方法	1. 捉螃蟹游戏。学生扮演螃蟹利用侧滑步快速移动（螃蟹走路），教师不当渔夫，采用侧滑步移动捉螃蟹 2. 后撤步防守移动游戏。两人一组，相隔1米面对面站立。做原地碎步动作，教师随机喊号，被叫到号的学生马上后撤步，逃脱到安全区，另一学生追拍	二人配合传接球练习 方法：两人一组，1人利用侧滑步移动到规定位置后，再移动回开始位置接同伴传过来的球，同伴继续利用侧滑步采取相同的方式接球
4	原地高、低运球练习：左、右手原地练习	巩固左、右手原地高、低运球，能够迅速做出降低重心和抬起重心的动作并能控球好球；发展力量素质和协调能力	1. 复习左、右手原地高、低运球变化练习 2. 不同运球节奏的左、右手原地高、低运球练习	1. 左、右手原地高、低运球练习，连续10次不失误 2. 一手原地运球，另一手抓放标志桶练习（左、右手交替练习） 3. 不同运球节奏的左、右手原地高、低运球练习	左、右手原地高、低运球比赛 在规定时间内，左、右手原地高、低运球做1次，比一比谁标志桶接得多 在规定次数，低运球做1次，比一比谁完成的次数多
5	双人配合原地高、低运球接物练习	能做出两人一组的运球击掌和运球接物的动作；发展协调配合能力	1. 复习快速降低重心利用抬起重心的练习方法 2. 知道运球抬头观察的动作方法	1. 一手原地运球，另一手抬起击掌（左手运球、右手击掌；右手运球、左手击掌） 2. 两人一组，一手原地运球，另一手同伴击掌（手掌位置忽高忽低不一）练习（左、右手）（抬头观察） 3. 两人一组，一手运球，另一手接标志桶练习（抬头观察）	原地高、低运球接物比赛 1. 在规定时间内，一手运球，另一手接标志桶，比一比谁标志桶接得多 2. 规定完成次数，一手运球，另一手接标志桶完成的时间短

续表

课次	专项主题	学习目标	学习活动	基本部分（学—练—赛） 练习活动	比赛活动
6	防守运球我也行：原地运球、低运球 + 对一防守	知道基础进攻动作，进行针对性防守；简单的原地一对一运球对抗	1. 感受对运、传、投动作的防守要求 2. 一对一固定防守位置情况下的原地高、低运球练习	1. 面对面照镜子游戏：两人一组，面对面站立（保持1米间隔），进攻队员做相应防守动作，防守队员做相应防守动作 2. 一对一防守在有弱防守的情况下抢球10次，成功运球2~3次	运抢球比赛 两人一组，一边运球，一边去抢同伴的球，还要保护好自己的球不被同伴抢到。比一比在规定时间内，谁抢到同伴球的次数最多
7	好玩的传球游戏：远距离传接球的准确率	感受远距离双手胸前传接球的用力方法，提高传球的准确率；发展上肢力量和身体协调性	1. 复习近距离双手胸前传接球的技术动作 2. 感受远距离（5~8米）双手胸前传接球的传球用力，传球落地和接球用力	1. 感受不同距离（5~8米）的传接球发力大小 2. 传球比准进阶赛：共四阶（5米、6米、7米、8米），在每一阶上都设置了标志物，只有双手胸前传球击中标志物5次后，方可晋级下一阶	原地双手胸前传接球比赛（5米） 1. 两人一组，在规定时间内，比一比哪组传球成功次数多 2. 规定传球成功次数，比一比哪组用时间短
8	我可以得分：原地单手肩上投篮游戏	巩固原地单手肩上投篮的动作方法，做到上下肢相协调，继续巩固投篮命中率；提升手力量，发展协调和力量素质	1. 学习原地单手肩上投篮对准目标物的方法 2. 学习左、右两侧篮下45度角投篮的发力方法	1. 高、低篮筐（2.3米）篮下45度角打板投篮练习 2. 低篮筐-高篮筐篮下45度角打板投篮练习：低篮筐投1次，高篮筐投1次，感受发力的不同	篮下左、右两侧45度角投篮比赛 先在篮下右侧45度角投篮，再移动到篮下左侧45度角投篮，每侧投篮10次，比一比谁进球多

二年级小篮球单元教学案例

小学二年级第 1 学期

- 主题：在游戏中感知小篮球技术的魅力
- 内容与课时：二年级第 1 学期 8 课时

内容	文化礼仪	进攻与防守基本姿势	变速和变向，侧滑步和后撤步	高、低运球	体前变向运球	双手胸前传接球	原地单手肩上投篮	一对一防守	合计
类别	新授	新授	新授、复习	新授	新授	新授	新授、复习	新授	
课时	1	0.5	1	2	1	1	1	0.5	8

- 单元学习目标

运动能力

在游戏比赛中，发展身体的协调性、灵敏性，为参与进阶性的游戏比赛做好准备。

健康行为

能够以积极的态度感染同伴，主动与同伴击掌给予鼓励，提升班级凝聚力，掌握与他人积极沟通协调的能力。

体育品德

不以自我为中心，勇于承担责任；客观分析失败原因，积极做出调整；尊重对手，共同营造文明、公正的竞赛环境。

课次	专项主题	学习目标	学习活动	基本部分（学—练—赛）	
				练习活动	比赛活动
1	小篮球理念、场地与常规要求	能够说出小篮球运动的宗旨。画出球场尺寸与小篮球大小。说出主要尺寸与小篮球和成人篮球运动的常规要求	1. 学习小篮球基本知识：概述、场地、小篮球大小 2. 学习参与小篮球运动的常规要求	1. 小组讨论：小篮球理念和参与小篮球运动常规要求 2. 小组讨论：小篮球场地与成人篮球的区别	小篮球知识竞赛 以小组为单位。最后回答正确多的组获胜
2	熟悉小篮球基本姿势和移动脚步	1. 掌握小篮球进攻与防守基本姿势，利用抛接、反弹接等简单方法熟悉小篮球特点 2. 移动中的变向跑和变速跑、侧滑步前后撤步练习	1. 掌握小篮球进攻与防守基本姿势的简单应用 2. 学习基本姿势与脚步移动的合理衔接	1. 听口令、哨声，快速反应准确做出无球进攻与防守基本姿势10-15次 2. 无球基本姿势与移动脚步衔接练习攻防10-15次 3. 听口令将小篮球抛到篮板、篮筐、篮架等指定高度的位置来感知球性，15-20次	脚步移动接力赛 以小组为单位。从无球进攻或防守基本姿势开始，按教师指定的多种移动方法行进，在保证动作质量的同时先完成的队获胜
3	一起来运球：高、低运球（高、低运球的手型）	学习行进间高、低运球的动作方法、能够掌握正确运球手型	1. 复习高、低运球的动作方法、掌握高、低运球变换的能力 2. 学习行进间高、低运球控球的手型	1. 分组在球场上的直线进行走动、急停急起中的高、低运球练习 2. "小鸭嘎嘎快快找家"。每人一球、行进间运球。"刮风"为高运球，"下雨"为低运球，"地震"为高、低运球交替，"天晴"为原地运球 3. "高、低运球找朋友"游戏。每人一球、在场内任意高、低运球，相遇相互问候，如握手或击掌等	迎面运球接力赛 以小组为单位。完成全组接力用时最少的小组获胜
4	一起来运球：高、低运球（手对球的控制）	在游戏中合理运用高、低运球动作，提高手对球的控制能力	1. 提高行进间运球时，手控制球的位置和力度 2. 培养抬头观察、团队合作意识	1. 听口令进行原地高、低运球的反应练习，≥20次 2. 听口令在急停急起中完成高、低运球的反应练习，≥20次 3. 练习"运球组队"游戏，每人一球、在场内任意运球，听到口令后两人成纵队进行运球，再听到口令后变为4人，第三次口令后变为6人，以此类推	"高、低运球找朋友" 以个人为单位。规定时间内找到朋友最多的个人获胜

续表

课次	专项主题	学习目标	基本部分（学—练—赛）		
			学习活动	练习活动	比赛活动
5	一起来运球：原地体前变向运球	学会原地体前变向运球的动作、动作的准备姿势、方法，提高手对球的控制能力	1. 学习原地体前变向运球的动作方法 2. 体验右手换手时球能够准确落在地上的标志点上反弹到左手呈V字形	1. 原地体前变向连续运球能够完成20次不失误 2. 原地体前变向运球的反弹落点在两脚之间的地贴上 3. 两人一组，计时1分钟，看谁变向运球次数多，尝试抬头运球	**原地体前变向比赛** 以个人、双人、团队为单位，规定时间内完成体前变向最多的个人、小组、团队获胜
6	一起来传球：原地双手传接球	做出原地双手胸前、头上和击地传接球的动作，通过练习提高学生手指手腕主要和和指的用力顺序与传接球落点的准确性	1. 学习双手传接球方法，完整动作 2. 感受不同传接球的用力和落点的准确性	1. 学生两人一组，相距4~6米，从三种传球动作体会练习，迎球一向后引球一收回腹前三个动作进行循环，练习30次 2. 4人一组随机传球练习，≥30次 3. 4~6人一组进行抢传游戏，培养学生的观察能力	**双手传接球接力赛** 以双人、小组为单位，规定时间内完成传球次数最多的小组、团队获胜
7	一起来投篮：单手肩上投篮	学习单手肩上投篮技术的动作要领持球、出手、跟随的完整动作	1. 学习单手肩上投篮的动作要领 2. 体验全身协调用力，调整出手角度	1. 下肢蹬地发力，伸臂、翻腕，集中力量到手指将球投出，完成15次 2. 游戏"小后篮"：1人投篮，对面同学做篮筐，同伴接球 3. 游戏"投移动篮"：1人做篮筐，同伴投篮，两人之间设置不同距离，体验不同距离的投篮用力，≥25次	**小小神投手** 以个人或小组为单位，在球篮正面1.5米处，规定时间内将球投进球篮数量最多的个人或小组获胜
8	一起来防守：一对一半场人盯人防守、跟随步移动中的脚步练习	简单的一对一半场人盯人防守练习，强化跟随中的脚步练习	1. 知道根据持球进攻队员的动作做出相应的防守动作 2. 巩固移动中的侧滑步和后撤步练习 3. 能从成功的防守中掌握篮球技能的乐趣	1. 侧滑步和后撤步练习巩固 2. 半场变速跑跟和空间跑练习 3. 游戏"如影随形"，3~5次，两人一组，防守队员根据进攻队员的情况进行防守，防守队员从退路线将进攻队员的前进路线挡住，防守成功得1分	**角斗场** 学生自由运球，在攻侧则限制下，通过移动、运球、抢断等方式破坏别人的运球，最后一名学生获胜

27

小学二年级第2学期

- **主题**：在游戏中感知小篮球技术的魅力
- **内容与课时**：二年级第2学期8课时

内容	文化礼仪	进攻与防守基本姿势	变速跑和变向跑，侧滑步和后撤步	高、低运球	体前变向运球	双手胸前传接球	双手头上传球	双手击地传球	原地单手肩上投篮	一对一防守	合计
类别	新授	新授	新授、复习	复习	复习	复习	新授	新授	新授、复习	新授	
课时	1	0.5	1	0.5	2	0.5	0.5	0.5	1	0.5	8

- **单元学习目标**

运动能力

在游戏比赛中，发展身体的协调性、灵敏性，为参与进阶性的游戏比赛做好准备。

健康行为

出现失误时，能够及时调整情绪，以积极的态度面对；遇到问题时，能够与他人积极沟通协调。

体育品德

知道违例、犯规等规则要求，懂得遵守规则，公平竞赛；尊重对手，能够主动、友好地与对手交流。

第三章 基于比赛情境的小篮球单元教学

课次	专项主题	学习目标	基本部分（学—练—赛）		
			学习活动	练习活动	比赛活动
1	小篮球运动文化	知道进行小篮球比赛前，要做热身准备活动，通过观看小篮球比赛视频，知道赛前礼仪	1. 感受小篮球运动中的赛前准备活动 2. 知道小篮球赛前礼仪	1. 在指定范围内进行热身跑、拉伸等活动 2. 队员间致意、加油、向观众致意	模拟赛场：创设篮球比赛情境、学生演示参赛礼仪与观赛程序
2	一起来运球：高、低运球	强化双手高、低运球技术动作，在游戏中提高控制球的高度和支配球的能力，根据进攻特点合理转换移动步法；发展协调性与空间感	1. 感受运球时双手对球反弹高度的位置控制，提高控球能力 2. 体验脚步移动中蹬地、跨步、抢步等步法要点	1. 复习在有防守队员的情况下（强化防守），1人右手高、低运球，1人左手高、低运球练习 2. 两人一组，右（左）手高、低运球练习 3. 练习沿线追击运球小游戏，球在线内走者在线上，球在线外	"渔翁钓鱼" 小篮球场内，1~3名"钓鱼人"，其余为"小鱼"，可运球跑动。"小鱼"利用脚步移动躲避或变换持球躲抢断位置，保护球3秒。当"小鱼"的球被抢断，要到安全岛内原地高、低运球30次后才能返回场地
3	一起来运球：消极条件下体前变向运球	能够在有防守进行进间体前变向运球技术，培养抬头观察的习惯，调动学生上下肢协同性；发展上下肢力量	1. 体验运用手指手腕带动拨球的力量，改变球的方向 2. 感受运球时抬头观察不丢球的动作方法	1. 两人一组，1人运球，1人模防 2. 复习原地能够体前变向运球，运用手指腕力量能够快速的完成20次运球不失误 3. 利用半场能够放不同位置的标志杆位置做体前变向运球	迎面运球接力赛 利用半场，摆放5个标志线开始运球，到标志桶处做出体前变向运球动作，再把球传给对面的同伴，看哪一组先完成
4	一起来运球：消极防守体前变向运球	能够继续巩固原地体前变向运球技术动作，提高手对球的控制能力和身体协调配合的能力；发展学生下肢力量	1. 体验变向后的转体、护球动作 2. 知道在体前变向运球后带球加速突破的意识	1. 复习体前变向运球练习 2. 运球到指定标志杆，做体前变向运球练习 3. 半场一对一，消极防守，利用体前变向运球突破防守队员	"抢夺绿宝石" 两人一角对面运球，中间摆放一只小网球，听教师口令，双方要手抢夺宝，如运球失误，则对方宝成功
5	一起来传球双手胸前、头上传球	提高的双手传接球技术，通过游戏巩固传接球动作的视活性与准确性；选择合理的传球方式把球传出	1. 体验双手胸前传接球的用力顺序与接球位置 2. 知道根据防守的站位，选择合理的传球方式把球传出	1. 两人一组快速双手传接球练习，连续20次失误 2. 3人一组，两人相距2-3米连续传球 3. 3人利用变速跑到相互变向跑，1人利用快速跑移动传双手传接球，侧身移动步伐等移动步伐防守 3. 4人一组，两人为三角形站位，1人利用移动步法防守	"移位传球" 将学生分成两组，每组的1号传球给2号，然后跑到2号位，2号传给3号，然后跑到3号位，以此类推。最后一位接到球后立即快速运球至1号位，最终1号学生回到自己起始位置。先跑完成的组获胜

续表

课次	专项主题	学习目标	基本部分（学—练—赛）		
			学习活动	练习活动	比赛活动
6	一起来传球：双手胸前、头上击地传球	做出原地双手胸前、头上和击地传球的准备和主要动作，手指手腕传接球的用力顺序与传球落点的准确性	1.学习双手击地传球动作的完整方法，了解击地传球动作应用的时机 2.感受不同传接球的用力和落点的准确性	1.两人一组相距4~6米，传球动作从三种传球动作中任选一种，接球时从伸臂迎球—回引球—收回腹部三个动作循环，练习30次 2.4人一组做机动作练习 3.4~6人为一组进行传抢球游戏，培养学生的观察能力	双手传接球接力赛 以双人、小组为单位，规定时间内不限传球方法，完成接球最多的小组、团队获胜
7	一起来投篮：原地单手肩上投篮	提高原地单手肩上投篮技术，通过游戏提高学生的投篮命中率，感受投中篮的快乐；发展学生上下肢力量	1.知道在快速跑动中调整好投篮姿势进行投篮准备 2.掌握正确的投篮手法，体验投出手后身体跟随的完整动作	1.练习投球低高度的篮，投中后可选择变换距离与位置 2.学生分两队，各队队员排头从中线处快速运篮到篮下的指定位置将球投出后方可返回 3.运放球投篮接回	"移动篮筐" 将学生分成两队，双方互为攻守，每队有一名队员可拿简易篮筐全场移动，将球投人对方篮筐得1分。比赛5分钟，看哪组得分多
8	一起攻守平衡：一对一半场人盯人防守	能够做出简单的一对1人盯人防守，继续巩固人盯人防守技术；发展快速反应与灵敏素质	1.知道人盯人防守的方法和技术要领 2.能够针对持球队员的动作做出简单的对应防守动作	1.利用半场区域，在无球情况下，学生分成攻防两组，15秒内移动快速找人积极防守 2.两人一组，一攻一守（消极防守），在规定距离内能跟住自己所防守的人	"攻防尖兵" 两人一组，在1人防守的情况下提高行进间运球技术，如防守队员抢断成功，两人攻防转换。进攻队员要利用运球与保护球技术攻破防守，防守成功积分加倍

30　小篮球教师指导手册

三年级小篮球单元教学案例

小学三年级第 1 学期

- 主题：规范基本技术动作，感受一对一对抗，完成小篮球游戏
- 内容与课时：三年级第 1 学期 8 课时

内容	文化礼仪、技战术、规则	进攻与防守脚步	高、低运球	体前变向运球	双手胸前传接球	双手头上传接球	双手击地传接球	原地单手肩上投篮	一对一攻防	合计
类别	新授	新授、复习	复习	新授	复习	新授	新授	复习	新授	
课时	1	1	0.5	2.5	0.5	0.5	0.5	1	0.5	8

- 单元学习目标

运动能力

在教师指导下，学好基础运球、传接球、投篮、移动等技术，发展上肢、下肢肌肉力量。知道并掌握基本的运球、传球、投篮、组合技术的动作方法并灵活运用。

健康行为

在体育教师的帮助下，积极主动参与练习，出现身体不适时，知道及时地停止运动。能够用积极情绪感染同伴，齐心协力完成任务。

体育品德

不以自我为中心，勇于承担责任，并给予同伴鼓舞和帮助。树立战胜困难的信心，建立公平竞争的意识。

课次	专项主题	学习目标	基本部分（学—练—赛）		
^	^	^	学习活动	练习活动	比赛活动
1	介绍小篮球文化、技战术、规则	了解小篮球的起源、简单规则	1. 了解小篮球运动的起源 2. 学习出界、带球走、回合等违例种类	1. 观看视频和故事，了解篮球运动的起源与发展 2. 观看和研讨，加深对小篮球规则的认识	分成两队，体育教师提问关于小篮球规则的问题，先答对5道题的队伍获胜
2	变速跑、变向跑、侧身跑、后撤步	学会变速跑、变向跑、侧身跑、后撤步	1. 学习后撤步在一对一攻防时的要领 2. 练习变速跑、变向跑、侧身跑技术 3. 掌握更多的移动技术，并在一对一攻防时应用	1. 复习防守姿势、侧滑步移动技术 2. 学习后撤步技术从线线到端线，≥3组 3. 半场沿边练习变速跑、侧身跑，≥3组 4. 半场端线、罚篮线、中线变向跑2次 5. 一对一攻防练习，顺利完成2次 要求：消极防守，积极进攻	分成两队站在底线，听到指令后出发，桶。 抢到多的队伍获胜
3	高、低运球以及体前变向运球	复习行进间直线高、低运球，继续提高原地体前变向运球能力，掌握原地体前变向运球技术	1. 复习原地高、低运球动作要领 2. 巩固原地体前变向运球动作要领	1. 半场行进间直线高、低运球练习，≥3次 要求："三威胁"姿势开始 2. 练习体前变向换手运球，≥30次 3. 半场体前变向换手运球，≥2组 要求："三威胁"姿势开始，运球两次后换手	分成两队站在底线，听到指令后出发，桶。 抢到多的队伍获胜
4	体前变向运球（无防守）	进一步学习原地体前变向运球，在无防守队员、速度较慢的情况下练习行进间体前变向运球	学习行进间体前变向运球动作要领，以右手为例，球从身体右侧拍向体前中间的位置，再将球迅速拨到回右侧	1. 复习原地体前变向运球动作要领，≥20次 2. 半场行进间体前变向换手运球，≥3组 要求：进攻准备姿势出发，从端线出发，中线、罚篮线、底线分别做体前变向换手运球，速度由慢到快	分成两队站在底线，听到指令后出发，桶。 抢到多的队伍获胜
5	体前变向运球（有防守）	进一步学习原地体前变向运球，在有防守队员、速度较慢的情况下练习行进间体前变向运球	学习行进间体前变向运球动作要领，以右手为例，球从身体右侧拍向体前中间的位置，再将球迅速拨到回右侧	1. 复习原地体前变向运球动作要领，≥20次 2. 半场行进间体前变向换手运球，≥3组 要求：进攻准备姿势出发，从端线出发，中线、罚篮线、底线分别做体前变向换手运球，速度由慢到快	分成两队站在底线，听到指令后出发，桶。 抢到多的队伍获胜

续表

课次	专项主题	学习目标	基本部分（学—练—赛）		
^	^	^	学习活动	练习活动	比赛活动
6	巩固双手传接球的动作及应用	复习双手胸前、头上击地传接球在有防守情况下的使用	1. 复习双手传球的动作方法 2. 进一步巩固双手传球的应用要求	1. 复习双手接球技术，两人一组综合运用传球技术练习，≥50次 2. 4-6人一组进行抢球游戏，培养观察能力	传接球对抗：4人一组，2组间对抗。3人传球，对方组1人来防守，看哪组在规定时间内传球次数多
7	原地单手肩上投篮	掌握原地单手肩上投篮技术	学习原地单手肩上投篮技术动作要领 进行多角度和不同距离下的投篮练习	1. 篮下不同角度的投篮练习 2. 罚球线距离不同角度的投篮练习 3. 罚球线投篮练习	投篮比赛：组间对抗。小组队员在罚球线距离0度、45度和90度角的投篮。看哪组投中次角多
8	一对一攻防	进一步学习防守有球、无球队员	学习一对一攻防要领，敢于比赛	一对一攻防练习，顺利完成3次 **要求**：在半场内一对一攻防练习。防守队员运用所学习的移动技术来防守，进攻队员运用运球+传球+投篮发动进攻，培养半场攻防意识	进行行进间运球到罚球线，直接投篮比赛，投中1球得1分。先得10分的队获胜

小学三年级第 2 学期

- 主题：规范基本技术动作，感受一对一对抗，完成小篮球游戏或比赛
- 内容与课时：三年级第 2 学期 8 课时

内容	文化礼仪、技战术、规则	进攻与防守脚步	高、低运球	体前变向运球	双手胸前传接球	双手头上传接球	双手击地传接球	原地单手肩上投篮	一对一攻防	合计
类别	新授	新授、复习	复习	新授	复习	新授	新授	复习	新授	
课时	1	1	0.5	2.5	0.5	0.5	0.5	1	0.5	8

- 单元学习目标

运动能力

在教师指导下，学好基础运球、传接球、投篮、移动等技术，发展上、下肢肌肉力量。知道并掌握基本的运球、传球、投篮、组合技术的动作方法，并可灵活运用。

健康行为

能够以积极的态度感染同伴，主动与同伴击掌给予鼓励，提升班级凝聚力。掌握与他人积极沟通协调的能力。

体育品德

在集体运动学习中，培养集体主义的观念，树立战胜困难的信心，建立公平竞争的意识。

课次	专项主题	学习目标	基本部分（学-练-赛）		
			学习活动	练习活动	比赛活动
1	介绍小篮球文化、技战术、规则	了解小篮球文化的发展情况、技战术方法及应用、多种规则	1. 了解小篮球运动的发展故事 2. 学习简单非法用手、阻挡、撞人、拉人等犯规种类	1. 室内理论课 2. 观看比赛中非法用手、阻挡、撞人、拉人等侵人犯规相关视频	分成两队，体育教师提问关于小篮球规则的问题，先答对5道题的队获胜
2	变速跑、变向跑、侧身跑、后撤步应用	进一步学习变速跑、变向跑、侧身跑、后撤步应用	1. 学习后撤步在一对一攻防时的动作要领，前脚蹬地快、扭腰转髋用力 2. 学习变速跑、变向跑、侧身跑技术、变速跑注意全身协调用力 3. 掌握更多的移动技术，并在一对一中简单应用	1. 进一步学习后撤步技术，从端线到对面端线，≥3组；半场有进攻队员沿边线练习变速跑撤步练习，≥3组 2. 有防守队员的半场摆脱防守队员侧身跑，≥3组，积极摆脱防守队员的半场折返跑，罚球线、中线变向跑，≥3组 3. 有防守队员的半场变向跑、中线变向跑，顺利完成2次 4. 一对一攻防练习	分成两队站在底线，中线摆好数个标志桶，听到指令后出发，右手运球去抢标志桶，抢到多的队伍获胜
3	高、低运球以及体前变向运球	进一步学习原地、行进间直线、低运球、原地体前变向运球动作	1. 学习原地体前变向换手运球动作要领 2. 进一步练习原地体前变向运球	1. 大力原地高、低运球10秒/组，左、右手各两次 2. 练习变节奏原地体前变向换手运球≥30次 3. 半场体前变向换手运球，≥4组 4. 半场折线体前变向换手运球，≥4组	分成两队站在底线，中线摆好数个标志桶，听到指令后出发，右手运球去抢标志桶，抢到多的队伍获胜
4	体前变向运球（无防守）	进一步学习行进间无防守情况下的体前变向运球动作	复习原地体前变向换手运球动作	1. 复习变节奏原地体前变向换手运球×30次 2. 半场慢速行进间体前变向换手运球，≥5组 3. 全场体前变向换手运球	分成两队站在底线，中线摆好数个标志桶，听到指令后出发，右手运球去抢标志桶，抢到多的队伍获胜
5	体前变向运球（有防守）	进一步学习行进间有防守情况下的体前变向运球动作	1. 复习行进间体前变向运球动作要领 2. 认知行进间体前运球与防守队员的距离为1.5米	1. 复习原地体前变向运球，≥30次 2. 半场有防守行进间体前变向运球 要求：注意与防守队员的距离；防守队员消极防守	分为两组，由底线出发，右手运球运到罚球线，原地投篮，得分多者获胜

35

续表

课次	专项主题	学习目标	学习活动	基本部分（学—练—赛）	
				练习活动	比赛活动
6	双手头上、击地、胸前传接球	进一步学习双手头上、击地、胸前传接球动作	1.复习双手传接球动作，注意接球动作要领，防止散落	1.复习双手头上、击地传接球技术，两人一组原地练习×30次 2.两人一组，运两次球做双手头上、击地传接球，≥20次 3.半场直线行进间双手胸前传接球	两传一抢游戏：两人传球，1人防守。两意将双手传球和单手传球相结合
7	原地单手肩上投篮	掌握原地单手肩上投篮技术	巩固原地单手肩上投篮，下肢协调用力，抬肘伸臂充分，手腕前屈，指端和指柔地拨球，将球拨出	1.徒手练习原地单手肩上投篮动作 15 次 要求：两人一组面对面练习原地单手肩上投篮动作 2.不同角度投篮 5 次 3.运球接原地投篮	从半场中线出发，行进间运球到罚球线，直接投篮，投中 1 球得 1 分，先得 10 分的队获胜
8	一对一攻防	进一步学习防守有球、无球队员	学习一对一攻防要领，敢于比赛	一对一攻防练习，顺利完成 3 次 要求：在半场内底角、罚球线和内线进行对抗练习	外线一对一攻防对抗，先得分者胜

四年级小篮球单元教学案例

小学四年级第 1 学期

- 主题：在移动中使用 2~3 种技术进行一对一对抗
- 内容与课时：四年级第 1 学期 8 课时

内容	文化礼仪、技战术、规则	单手胸前传球	单手体侧传球	防守脚步	运球+投篮	运球+传球+投篮	体前变向运球	一对一攻防	合计
类别	新授	新授	新授	复习	新授	新授	复习	复习	
课时	1	0.5	0.5	1	1	1	2.5	0.5	8

- 单元学习目标

运动能力

知道单手胸前、体侧传球的方法和 2~3 种传接球、投篮、运球动作技术组合；能运用所学攻防技术进行一对一攻防。

健康行为

在比赛练习中能够积极调整情绪，主动与同伴击掌给予鼓励，提升班级凝聚力；在身体对抗练习中能有意识地保护自己和同伴。

体育品德

通过竞赛活动，懂得尊重比赛、尊重对手、尊重裁判员、遵守规则；在对抗游戏中，培养顽强的意志品质和随机应变的能力。

课次	专项主题	学习目标	学习活动	基本部分 练习活动	比赛活动
1	介绍小篮球规则	能够说出小篮球简单的计分方法和1~2种比赛规则	1. 学习出界、带球走、球回场的违例、打手、阻挡犯规比赛相关规则 2. 学习小篮球比赛记分方法	1. 观看视频、小组讨论 2. 填写小篮球规则调查问卷 3. 小组之间相互评价	看视频抢答： 分成两队，抢答体育教师提问有关的问题，答对多的队获胜
2	行进间体前变向运球	能够在半场有限制的条件下进行行进间体前变向运球；发展学生灵敏和协调的能力	1. 复习行进间体前变向换手运球动作 2. 体会跨步、探肩、换手动作	1. 练习原地体前变向换手运球，≥30次 2. 行进间运球，听口令快速变向换手运球 3. 运球到障碍物跨步、探肩、换手过障碍物	大渔网比赛： 学生为"鱼"，散布于小篮球场内，指定部分学生为"渔网"，用学生运球躲避"渔网"，追捕的方式进行比赛
3	体前变向变向后变向的加速运球	感受体前变向的加速运球及变向后的加速运球，能够连续通过障碍物，发展速度和反应能力	1. 复习与变向运球结合 2. 体会变向后加速运球动作	1. 练习原地体前变向换手运球，≥30次 2. 原地运球几次，听口令跨一步练习，还原运球基本姿势 3. 底线运球连续过两个距离4米的障碍物，体前变向换手运球到中线	运球接力赛： 分成两队站在底线，蛇形穿过3个相距4米标志杆后直线运球返回传球给队友，最快完成的组获胜
4	单手胸前传接球及防守	知道推、送、拨球的用力顺序，提高传球的准确性	1. 学习原地单手胸前传球动作的用力顺序 2. 学习固定防守下的单手胸前传接球动作	1. 练习原地单手胸前传接球，≥30次 2. 固定三角练习单手胸前传接球后跑位，≥20次 3. 3人一组，在固定防守下，体前单手传接球的实际应用练习，≥30次	断球比赛： 3人一组，进行两人传球，1人防守下的单手胸前传接球比赛，固定时间内计算成功率
5	单手体侧传接球及防守	知道推、引、拨球的用力顺序，提高传球的准确性。能够寻找防守空当	1. 学习原地单手体侧传球动作，知道推、引、拨球的用力顺序 2. 学习固定防守下的单手体侧传接球动作	1. 练习原地单手体侧传接球，≥30次 2. 固定三角练习单手体侧传接球后跑位，≥20次 3. 3人一组，在固定防守下，单手体侧传接球的实际应用练习，≥30次	断球比赛： 3人一组，进行两人传球，1人防守下的单手体侧传接球比赛，固定时间内计算成功率
6	原地运球+投篮组合及变速跑	罚球线距离，原地运球后单手肩上投篮。理解运球与持球投篮的衔接；发展速度和反应能力	1. 学习运球几次后单手肩上投篮动作 2. 学习原地运球几次再转身投篮动作	1. 复习全场运球变速跑 2. 复习单手肩上投篮 3. 运球几次再近距离的投篮练习 4. 面向边线原地运球听口令转身投篮练习	投篮比赛： 4人一组，规定时间内，原地运球听口令投篮，累计投中多的队伍获胜

38　小篮球教师指导手册

续表

课次	专项主题	学习目标	学习活动	练习活动	比赛活动
7	原地运球+传球+投篮组合	两人配合练习，运球—传—跑—接—投篮技术组合的衔接；发展反应、协调、判断的能力	1. 学习半场中运球、传球、投篮技术组合的衔接 2. 能够合理选择进攻方式并运用	1. 两人一组，45度角运球几次，摆脱防守后接回传球单手肩上投篮 2. 两人一组，45度角运球突破后，传球给同伴，摆脱防守后接回传球单手肩上投篮 3. 3人一组，在原地运球摆脱防守的情况下，合理选择投篮位置	计时比赛： 半场运球到罚球线，传球给同伴，摆脱防守到罚球线，传球投篮，用时少者获胜
8	简化规则一对一攻防（体前变向运球的进攻为主）	简化规则（两次运球、打手）情况下进行一对一攻防比赛；发展观察、判断能力	体验半场一对一进攻技术的运用，知道根据防守的位置选择体前变向运球或加速突破的进攻方式，合理选择防守位置	1. 半场局部区域一对一，在被动防守情况下选择合理的进攻方式 2. 半场一对一，简化规则，不强调违例	一对一比赛： 分组比赛，半场区域内，得分多的组获胜

小学四年级第 2 学期

◉ **主题**：在移动中使用 2~3 种技术进行一对一对抗

◉ **内容与课时**：四年级第 2 学期 8 课时

内容	技战术、规则	单手胸前传球	单手体侧传球	单手肩上投篮	防守脚步	体前变向运球	运球+投篮	运球+传球	一对一攻防	合计
类别	新授	新授	新授	复习	复习	复习	复习	复习	复习	
课时	1	0.5	0.5	0.5	1	2	1	1	0.5	8

◉ **单元学习目标**

运动能力

能够知道更多运球、传接球、投篮的动作方法及在情境中合理的运用，以及简单的组合技术方法；能运用所学攻防技术进行一对一攻防比赛。

健康行为

运动中，在出现身体不适时，能够掌握简单的处理方法；能够积极面对困难找出解决方法，并能够激励同伴共同进步。

体育品德

树立尊重对手、服从裁判员的体育道德观以及不服输的体育精神；在竞赛中培养合作意识、抗挫能力。

第三章 基于比赛情境的小篮球单元教学

| 课次 | 专项主题 | 学习目标 | 基本部分 |||
			学习活动	练习活动	比赛活动
1	介绍小篮球规则	能够说出小篮球简单的计分方法和2~3种比赛中的犯规	1. 复习小篮球简单记分方法 2. 学习出界、带球走、球回后场的违例、撞人、推人等侵人犯规规则	1. 掌握小篮球规则，出界、带球走、球回后场的违例、撞人、推人等侵人犯规 2. 知道篮球比赛特殊情况记分方法（违体、技术犯规）	分成两队，体育教师提问关于小篮球规则的问题，先答对5道题的队获胜
2	体前变向运球及突破后的传球	做好运球突破与传球的衔接；发展身体协调性	1. 复习体前变向运球速突破动作 2. 学习体前变向运球突破后的传球动作	1. 复习底线运球突破向速突破到中线 2. 练习体前变向运球到加线开始运球，遇障碍物后体前变向，运球3次并传球 3. 练习体前变向运球，3人一组从底线开始运球，遇障碍动防守后体前变向，运球2次并传球	运球迎面接力比赛：分组，半场绕障碍运球到对面，手递手交接球，依次进行，最先完成的组获胜
3	体前变向运球及突破后的投篮	做好运球突破与投篮动作的衔接；发展灵敏与协调的能力	1. 复习体前变向运球后加速突破动作 2. 学习体前变向运球突破后的投篮动作	1. 练习底线运球过3个障碍物向加速突破到对面底线 2. 练习体前变向运球突破后加速运球后投篮，3人一组从底线开始运球，遇障碍变向后加速投篮	运球迎面接力比赛：分组，全场绕障碍运球到对面，手递手交接球，依次进行，最先完成的组获胜
4	单手传接球及防守	掌握单手胸前及体侧传接球的组合动作方法，提高传接，接得稳的传接球能力	1. 掌握无防守下单手胸前及体侧传球的动作方法 2. 掌握在二对一防守下，单手胸前及体侧传球的实际应用	1. 两人一组练习单手胸前和体侧组合传接球，≥30次 2. 多人配合练习单手胸前和体侧传接球组合练习，≥30次 3. 在二对一防守下，单手传球的应用练习，≥20次	二对三比赛：3人一组，两人传球，1人防守，进行单手胸前和体侧传接球比赛，固定时间内累计完成数量最多的组获胜
5	行进间运球单手肩上投篮	知道行进间运球单手肩上投篮的动作及顺序，感受简单防守下的投篮；发展上下肢协调能力	1. 学习行进间运球单手肩上投篮及投篮动作 2. 复习消极防守下行进间运球单手肩上投篮动作	1. 学习行进间高手投篮技术动作： (1)一大二小三高跳；(2)持球触延长板过呼啦圈、标志桶长投高跳；(3)运球过呼啦圈、标志桶 2. 半场运球上篮 3. 全场运球上篮	半场三对三比赛：投篮记2分，三步上篮记3分，防守犯规每人4次，第5次犯规对方得1分。加罚球1次，投进记2分

续表

课次	专项主题	学习目标	基本部分		
			学习活动	练习活动	比赛活动
6	行进间运球+投篮组合	掌握半场行进间运球接投篮动作，能够完成运球与持球投篮的衔接；发展速度和反应能力	1. 复习行进间运球高手投篮动作，注意运球与持球投篮的衔接 2. 学习半场45度运球上篮动作	1. 复习篮下3米距离原地持球三步单手肩上投篮 2. 行进间运球到篮下单手肩上投篮练习 3. 行进间运球单手肩上投篮练习	运球投篮比赛：分组进行行进间运球到罚球线直接投篮比赛，投中1球得1分，先得10分的组获胜
7	运球+传球组合及变向跑	体验半场体前变向运球突破传球，知道突破后的传球时机；发展判断能力	1. 复习半场体前变向运球突破传球，知道突破后传球时机 2. 能够完成固定位置被动防守突破加速传球动作，提高突破传球的意识	1. 分组练习，4人一组，半场运球突破障碍物后传球 2. 分组练习，分别在罚球线两侧45度角向篮筐方向突破运球3次，传球给另一侧45度角位置的队员 3. 分组练习，分别在罚球线两侧45度角向篮筐方向突破运球，遇障碍物体前变向运球传球给另一侧45度角位置的队员	运传球触人比赛：学生分成两组，在半场范围和规定时间内进行运传球比赛，累计传接球次数多的队伍获胜
8	简化规则一对一攻防（二运、打手）情况下进行一对一攻防过人的防守（以变向过人的防守为主）	简化规则（二运、打手）情况下进行一对一攻防比赛；发展观察、判断能力	体验半场一对一攻防技术的运用，知道根据进攻动作选择合理防守位置，判断时机进行干扰或断球	1. 半场局部区域一对一，在进攻方只能运球3次的情况下，选择合适的防守方式 2. 半场一对一攻防，简化规则不强调违例和犯规	一对一攻防比赛：分组比赛，在固定区域和规定时间内，先得分多的组获胜

五年级小篮球单元教学案例

小学五年级第 1 学期

- 主题：两个人局部配合，可以进行多种技术的一对一对抗
- 内容与课时：五年级第 1 学期 8 课时

内容	基础知识	移动步法	体前变向运球	转身运球	单手胸前传球	单手体侧传球	单手肩上投篮	行进间高手投篮	交叉步突破	人盯人防守	合计
类别	新授	新授	复习	新授	新授	新授	复习	新授	新授	复习	
课时	1	1	2	0.5	0.5	0.5	1	0.5	0.5	0.5	8

- 单元学习目标

运动能力

尝试运球、传球、投篮不同技术的组合运用，为能参与半场二对二、三对三比赛做好准备。

健康行为

能够主动分享课外有关篮球项目的知识或观赛体验，把对规则的理解和观赛体验与同伴分享，从而提升团队凝聚力。

体育品德

遇到困难时，能够主动调整心态并开导同伴，通过交流感染同伴，加强学生责任感和团队中彼此的信任度。

第三章 基于比赛情境的小篮球单元教学

课次	专项主题	学习目标	学习活动	基本部分（学—练—赛）	
				练习活动	比赛活动
1	小篮球知识（理论课）	知道小篮球竞赛规则的基本知识及篮球名人的励志故事	1.学习简单裁判规则 2.学习篮球名人励志故事	1.回放比赛中违例、犯规片段，说出违例、犯规类型，并做出相应的裁判手势 2.观看篮球明星的励志故事 3.小组讨论，从明星励志故事中学习到了什么？	看谁反应快 说出违例、犯规的名称，快速做出相应的裁判手势，比一比谁最快
2	1.单手体侧传接球 2.脚步移动练习（跨步急停）	掌握单手体侧传接球技术动作，能在消极防守的情况下，利用跨步急停摆脱防守接球，并将球顺利传出；发展协调、灵敏等身体素质	学习单手体侧传接球的动作方法	1.3人一组原地单手体侧传接球练习，≥40次 2.3人一组，两人传球，1人消极防守下的实际应用练习，≥40次 3.3人一组，消极跑动队友一人传球，传球给无球跑动队友，接球投篮，≥20次	传球比多 3人一组，两人传球，1人防守，规定时间内，比一比哪个组传得多
3	1.单手胸前传接球 2.脚步移动练习（追步）	掌握单手胸前传球技术动作，能够在防守下根据实际情况判断传球的运用时机，失误少；发展上下肢协调配合能力及快速奔跑能力	1.学习正确判断单手胸前传球的运用时机 2.学习有控制地传球，结合防守情况，传球到位	1.两人一组相距8-10米的单手胸前接球练习，≥20次 2.3人一组，一人传球后无球向前跑动，另一人在一对一消极防守下进行单手胸前传球实际应用练习，≥15次 3.半场场地，3人一组，一人中线变速运球，防守队员用追步步跟上防守，运球队员将球传给3秒区队友，接球后投篮，≥15次	传球比多 3人一组，两人相距10米传球，1人防守，规定时间内，比一比哪组传得多
4	1.体前变向运球 2.转身运球	掌握体前变向运球技术，能在消极防守的情况下利用体前变向运球、转身运球摆脱防守；发展身体协调、灵敏等身体素质	1.学习体前变向运球的动作方法 2.学习转身运球时，如何让球尽量贴近身体	1.原地体前左、右手V字形运球，≥40次 2.慢速运球到标志杆位置做体前变向换手运球、转身运球练习，≥25次 3.两人一组，进行消极防守下体前变向换手运球、转身运球，≥25次	运球接力赛 以小组为单位在规定场地（如中考篮球测试场地）内进行运球接力比赛，最快完成的小组获胜

44　小篮球教师指导手册

续表

课次	专项主题	学习目标	基本部分（学-练-赛）		
			学习活动	练习活动	比赛活动
5	1.体前变向运球 2.原地单手肩上投篮	提高体前变向运球技术，能在积极防守的情况下利用体前变向运球摆脱防守；发展协调、灵敏等身体素质	1.学习体前变向运球的运用时机 2.换手后有加速超越意识	1.两人一组，进行原地换手运球后加速超越练习，≥30次 2.快速运球到距离标志桶一步距离时做体前变向换手运球练习，≥30次 3.半场一对一，积极防守，利用体前变向运球突破防守队员，注意距离	路人王 以小组为单位在规定场地（如中考篮球测试场地）内运球穿过，突破防守队员后投篮。在规定时间内，得分最多的小组获胜
6	1.交叉步突破 2.脚步移动练习（跳步急停）	基本掌握交叉步持球突破技术，能够在消极防守的情况下完成，动作协调连贯；发展速度、灵敏等身体素质	1.学习交叉步持球突破的动作方法 2.中枢脚的确定	1.利用标志杆，进行自抛球后交叉步持球突破练习，≥30次 2.交叉步持标志杆，进行跨步突破完成投篮，≥25次 3.利用双持标志杆，跨步急停接回传球后，交叉步持球突破，在第二根标志杆处跳步急停完成投篮，≥25次	修改规则的一对一"斗牛"比赛 利用所学技能进行一对一比赛，所有的进攻须在3秒区内完成，3秒区外得分无效
7	1.交叉步突破 2.行进间高手投篮	提高交叉步持球突破及行进间高手投篮技术，能够在防守下完成相应动作；发展速度、灵敏等身体素质	1.交叉步突破，动作连贯，蹬跨迅速 2.腾空后身体稳定，在最高点把球投出	1.利用标志杆接回传球后，交叉步突破，≥30次 2.进行高手投篮，≥20次 3.外线位置接回传球，交叉步突破，行进间高手投篮，≥30次	一对一"斗牛"比赛 利用所学交叉步运球、突破、投篮技术及防守方法进行一对一实战比赛
8	一对一攻防对抗	巩固半场局部区域一对一攻防对抗，发展协调、灵敏等身体素质	提高半场一对一对抗练习的技术应用能力，提高防守技术应用的熟练度	半场局部区域一对一对抗，技术应用对抗，在消极防守中，巩固防守有球人的技术要求（分层练习）	半场一对一攻防对抗，强调违例或犯规若干分，进攻方胜利，反之防守方胜利（强弱分层或同级配对对抗）

小学五年级第 2 学期

- 主题：两个人局部配合，可以进行多种技术的一对一对抗
- 内容与课时：五年级第 2 学期 8 课时

内容	基础知识	移动步法	转身运球	单手胸前传球	单手体侧传球	单手肩上投篮	行进间高手投篮	交叉步突破	人盯人防守	合计
类别	新授	复习	复习	复习	复习	复习	复习	复习	复习	
课时	1	1	0.5	0.5	0.5	2	1	1	0.5	8

- 单元学习目标

运动能力

运用所学攻防技术进行有一定强度的一对一攻防；能够顺利进行简化规则后的真实比赛；尝试运球、传球、投篮不同技术的组合运用，为全场对抗比赛做好准备。

健康行为

在对抗比赛中由于自身失误被同伴埋怨时，能够坚强面对不退缩，主动呼唤同伴、与同伴击掌，赢得信任、提升团队凝聚力。

体育品德

能够积极反思，勇于承担责任，给予同伴鼓励；尊重对手和参与赛事服务的教师、同学，与他人共同营造文明和谐的赛事环境。

课次	专项主题	学习目标	学习活动	基本部分（学—练—赛）练习活动	比赛活动
1	小篮球竞赛规则知识	知道小篮球竞赛规则的基本知识以及中国篮球的发展历程	1. 学习简单的小篮球规则，加深对篮球运动的认识 2. 了解中国篮球的发展历程	1. 回放比赛中违例、犯规片段，说出违例、犯规的类型，并做出相应的裁判手势 2. 观看中国篮球发展历程 3. 小组讨论，梳理中国篮球发展历程中经历的困难和成功	**看准反应快** 说出违例、犯规的名称，快速做出相应的裁判手势，比一比谁最快
2	1. 转身运球 2. 行进间高手投篮	掌握转身运球技术，能在消极防守的情况下，利用转身运球摆脱防守后高手上篮，发展协调、灵敏等身体素质	1. 学习转身运球时身体重心平稳 2. 学习转身运球与行进间高手投篮的衔接	1. 在标志杆前，无球做上步后转身侧步练习，≥50次 2. N字形障碍，慢速运球上步持球后转身90度换手运球练习，≥40次 3. 两人一组，1人消极防守，1人转身运球后的投篮，≥30次	**比赛：积少成多** 以小组为单位，从中线出发，利用转身运球技术过障碍后上篮，投进得1分，在规定时间内，积分最多的小组获胜
3	交叉步突破	提高交叉步突破技术，弧顶处接球防守的情况下，利用交叉步突破后急停跳步投篮，发展身体素质	1. 学习动作连贯、蹬跨迅速的动作方法 2. 学习运球转身动作连贯的方法	1. 利用标志杆，交叉步持球突破，跨步急停跳投，完成投篮，≥25次 2. 3人一组，1人追步防守，1人接球在距标志杆1米内交叉步突破后投篮，≥25次 3. 4人一组，1人追步防守，1人接球在距消极防守队员1米内交叉步突破后运球转身投篮	**修规则的一对一"斗牛"比赛** 利用所学技能进行一对一比赛，所有的进攻须在3秒区内完成，3秒区外得分无效
4	1. 交叉步突破 2. 单手体侧传球（移动步法：追、堵步）	提高交叉步突破及单手侧传球技术；在一对二进攻过程中利用交叉步突破时防守后能根据防守队员位置合理传球接球方式传接球，发展协调、灵敏等身体素质	1. 学习如何在恰当的时机突破、动作连贯 2. 学习传球队员合理选择传球的方法	1. 接回传球后，在防守队员追步防守、交叉步持球突破，≥30次 2. 半场场地，3人一组，1人中线变运球，1人追步防守。运球队员防守队员在追步上防守，将球传给3秒区的队友，队友接球后投篮，≥15次 3. 半场场地，3人一组，1人追步防守，防守队员用追步步跟上防守，交叉步突破后，将球传给内线背对篮对队友，队友接球后投篮，≥15次	**强弱分层的二打一积分赛** 将进攻方，防守方能力水平合理分配，在半场场地内进行二对一攻防对抗，进攻方成功突破并投中得1分，反之防守方得1分，积分累加，积分多者获胜

续表

课次	专项主题	学习目标	基本部分（学—练—赛）		
^	^	^	学习活动	练习活动	比赛活动
5	1. 单手胸前传球 2. 原地单手移动（移动步法：跨步急停、跳步急停）	提高胸前传球的技术，传球人能够根据队友卡位的位置合理传球；接球人利用跨步急停急停技术完成防守后接球动作完成转身；发展速度、灵敏等身体素质	1. 学习根据队员卡位位置合理传球的方法 2. 学习跨步急停后接球转身连贯动作	1. 两人一组，1人消极防守，1人背对篮进行要位置练习，≥10次 2. 3人一组，开展"运猴"游戏，≥10次 3. 4人一组，1人在防守下传球，1人在消极防守下跨步急停接球后转身投急停练习，≥25次	修改规则的二对二比赛，利用所学技能进行二对二比赛，所有的进攻须在3秒区外完成，3秒区外得分无效
6	原地单手投篮（移动步法：跨步急停、跳步急停）	提高原地单手投篮技术；能在防守下，利用突破技术完成投篮；发展速度、灵敏等身体素质	1. 提高投篮的力度、角度 2. 掌握投篮时机的选择方法	1. 利用标志杆，跨步急停接回传球后，交叉步持球突破，完成投篮，≥25次 2. 3人一组，1人追堵消极防守，1人传球1人接球后，距标志杆1米内交叉步突破后投篮，≥25次 3. 4人一组，1人追堵防守，1人传球1人接球后，距消极防守的防守队员1米内交叉步突破后跳步急停投篮	修改规则的二对二比赛，利用所学技能进行二对二比赛
7	1. 配合下的移动传球与投篮的组合练习 2. 简化规则的比赛	掌握运传、运投组合技术，进攻球员能够判断接应队员位置，采用合理方式接球，接球后果断突破；发展平衡、灵敏等身体素质	1. 学习合理选择传球的方式 2. 学习顺步、交叉步突破连贯动作	1. 3人一组（1人弧顶两人外线）的跑位传球练习，≥20次 2. 顺步、交叉步标准，在顺步、交叉步练习，≥20次 3. 消极防守干扰下的突破后的上篮或投篮，≥25次	强弱分层的二打一积分赛，将进攻、防守能力水平合理分配，在半场场地内进行二对一攻防对抗。进攻方成功突破并投中得1分，防守方抢断并投中得1分，积分累加，积分多者获胜
8	一对一攻防对抗	巩固半场局部区域一对一攻防对抗；发展一对一攻防协调、灵敏等身体素质	提高半场一对一对抗练习的技术应用能力，提高攻防技术应用的熟练程度，应用技术要求（分层练习）	半场局部区域一对一对抗，提升进攻技术应用的熟练度，同时巩固防守有球人的技术要求（分层练习）	半场一对一攻防对抗，强调违例或犯规，若抢球得分，则进攻方胜利，反之防守方胜利（强弱分层或同级配对对方）

48 小篮球教师指导手册

六年级小篮球单元教学案例

小学六年级第 1 学期

- 主题：学会 2 或 3 人局部配合，会一对一对抗，可以在游戏和比赛中运用
- 课时分配：六年级第 1 学期 8 课时

内容	基础知识	移动步法	转身运球	单手肩上投篮	行进间高手投篮	交叉步突破	传切配合	人盯人防守	合计
类别	新授	复习	复习	复习	复习	复习	新授	复习	
课时	1	1	0.5	2	1	1	1	0.5	8

- 单元学习目标

运动能力

能运用所学攻防技术进行有一定强度的一对一攻防，能够完成两人或三人的局部配合，能够顺利进行简化规则、修改规则的真实比赛。

健康行为

课后学生能主动到篮球场参与篮球运动，向朋友或家人展示自身篮球水平。能利用所学篮球知识与规则和他人交流或指导他人。

体育品德

在攻防对抗中培养学生不服输的体育精神；树立尊重对手、服从裁判员、尊重教练员的体育道德观。

课次	专项主题	学习目标	基本部分（学—练—赛）		
			学习活动	练习活动	比赛活动
1	小篮球礼仪	了解小篮球竞赛中的礼仪，能够知道小篮球赛前、赛中和赛后的礼仪	1. 学习小篮球比赛中的和赛后的礼仪 2. 学会如何在小篮球比赛中遵守礼仪	1. 观看中国小篮球比赛礼仪 2. 讲解小篮球比赛中的相关礼仪 3. 讲解如何在比赛中遵守礼仪	**小篮球竞赛礼仪竞清** 以小组为单位，进行抢答，答对1题得3分，答错减1分，看哪组得分多
2	1. 转身运球 2. 行进间高手投篮	掌握转身运球技术，能在消极防守的情况下，利用转身运球摆脱防守后高手上篮；发展协调、灵敏、柔韧等身体素质	1. 学习转身运球时保持身体重心平稳的方法 2. 学习转身运球与行进间高手投篮的衔接运用	1. 在标志杆前做上步后转身练习，≥55次 2. 利用N字形摆得，做慢速运球上步转身转身90度后高手运球练习，≥45次 3. 两人一组，1人消极防守，1人转身运球后投篮，≥35次	**比赛：积小成多** 以小组为单位，从中线出发，利用转身运球技术过障碍后上篮，投进加1分，在规定时间内，积分多的小组获胜
3	复习原地单手投篮（移动步法：跨步急停、跳步急停）	提高原地单手投篮技术，能在防守下利用突破技术完成投篮；发展速度、灵敏等身体素质	1. 提高投篮的力度、角度、形成规范的投篮姿势 2. 掌握投篮时机的选择方法	1. 利用标志杆，跨步急停做回传球练习，完成投篮，≥28次 2. 3人一组，1人造跨步防守，1人传球，1人接球后在距标志杆1米内做交叉步突破后投篮，≥28次 3. 4人一组，1人造跨步防守，1人传球，1人接球后在距消极防守队员1米内做交叉步的跳步急停后投篮	**修改规则的三对三比赛** 利用所学技能能进行三对三比赛，强化组合技术运用
4	1. 复习交叉步突破 2. 行进间高手投篮	复习交叉步持球突破的动作方法以及运用时机；利用交叉步突破后的行进间高手投篮，成功率达到50%；发展力量、柔韧、灵敏等身体素质	1. 巩固交叉步持球突破的动作方法和运用 2. 学习交叉步突破后的行进间高手投篮的衔接运用	1. 两人一组，做交叉步突破练习，≥15次 2. 做顺步突破练习，≥25次 3. 两人一组，做有防守情况下的交叉步突破或交叉步突破后的行进间高手投篮练习，≥10次 4. 交叉步突破后行进间高手投篮成功率达到50%	**三对三比赛** 在比赛中使用交叉步突破后进行高手投篮，投中1球得4分，其他分值不变，看哪组得分多

续表

课次	专项主题	学习目标	基本部分（学-练-赛）		比赛活动
			学习活动	练习活动	
5	复习原地单手肩上投篮（移动急停、跨步急停、跳步急停）	提高原地单手投篮技术和能力；能在防守下，利用突破技术和移动技术完成投篮，成功率达到50%；发展速度、灵敏、力量等身体素质	1. 提高投篮的技术动作 2. 掌握投篮时机的选择方法	1. 利用标志杆，跨步急停接回传球后，交叉步持球突破，完成投篮，≥28次 2. 3人一组，1人退步防守，1人传球，1人接球后在跨标志杆1米内做交叉步突破后投篮，≥28次 3. 4人一组，1人退步防守，1人传球，1人接球后，在近距离内的防守队员1米内做交叉步突破后跳步停投篮	修改规则的三对三比赛 利用所学技能进行三对三比赛
6	学习外线运球、传球、投篮的组合技术和单手肩上投篮组合技术的衔接	学习运球、传球、投篮的组合动作方法；能将运球、传球和单手肩上投篮组合技术有衔接运用	1. 学习接固定区域内（罚球线、三分线）的传球后，运球急停投篮练习的动作要领 2. 学习在固定防守下接球人的情况下，接球后（罚球线、三分线）的传球，运球急停投篮练习	1. 练习固定区域内（罚球线、三分线）的传球后急停投篮，≥25次 2. 练习在固定防守下接球人的（罚球线、三分线）的固定区域内运球急停投篮，≥25次	外线组合技术竞赛 两组间对抗，在有防守情况下按规定时间进行运球、传球、接球单手肩上投篮比赛
7	传切配合（纵切和横切）与投篮的组合技术的练习	学习传切配合战术要领；学习传切配合的投篮组合技术	1. 学习在无人防守情况下的一传一切、V字形摆脱后传切配合练习 2. 学习消极防守下的V字形摆脱后传切练习 3. 学习传切配合后的投篮练习	1. 练习无人防守情况下的一传一切、一传一切，≥25次 2. 练习消极防守情况下的一传一切，≥25次 3. 练习传切配合后的投篮成功率≥40%	传切配合竞赛 两组间对抗，在有防守的情况按规定时间比传切配合完成次数，目成多者胜
8	1. 一对一、二对二、三对三攻防对抗 2. 简化规则的比赛	进行一对一、二对二攻防比赛练习，重点学会盯人防守时的技术动作，并能在比赛中运用；学习简化规则的二对二、三对三攻防对抗；能在简化规则情况下完成比赛	1. 复习一对一攻防和盯人防守技术 2. 学习简化规则的二对二、三对三攻防比赛	一对一、二对二攻防对抗，顺利完成次数，防守队员积极防守 要求：进攻队员积极进攻，防守队员积极防守	一对一、二对一、三对三攻防比赛 罚球得2分，投篮得3分，抢断得1分，失误得-1分，最后看哪组得分多

小学六年级第 2 学期

⊙ **主题**：学会 2 人或 3 人局部配合，可以较自如地进行一对一对抗，可以在游戏和比赛中熟练运用。

⊙ **课时分配**：六年级第 2 学期 8 课时

内容	基础知识	移动步法	转身运球	单手肩上投篮	行进间高手投篮	交叉步突破	传切配合	人盯人防守	合计
类别	新授	复习	复习	复习	复习	复习	新授	复习	
课时	1	1	0.5	2	1	1	1	0.5	8

⊙ **单元学习目标**

运动能力

能运用所学攻防技术进行有一定强度的一对一攻防，能够完成 2 人或 3 人的局部配合，能够顺利进行简化规则、修改规则的真实比赛。

健康行为

在比赛中学会如何在规则的约束下去赢，以及如何体面并且有尊严地输；知道根据场地特点选择适宜的运动方式，在运动中具有较强的安全意识。

体育品德

在训练和比赛中，能够做到自尊自信、顽强拼搏、积极进取、突破自我、追求卓越、团结队友，树立正确的胜负观。

课次	专项主题	学习目标	学习活动	基本部分（学—练—赛）	
				练习活动	比赛活动
1	小篮球知识和礼仪	深入学习小篮球训练和比赛中的礼仪	能够在训练和比赛中自觉遵守礼仪，并督促他人遵守	1.复习小篮球赛礼仪的内容 2.研讨为什么要遵守小篮球赛礼仪 3.研讨如何督促他人也遵守礼仪	小篮球赛中礼仪具体要求竞赛 以小组为单位进行赛中礼仪归纳，最完善的组获胜
2	学习胯下、转身和背后运球的综合应用	复习和巩固三种运球的具体方法，并体验球的应用场景	认知胯下、转身和背后运球的应用场景，并在实践中合理应用	1.两人一组，1人运球，一臂以内时做胯下运球，≥10次 2.两人一组，1人运球，在防守队员进攻队员时做背后运球，≥10次 3.两人一组，1人运球，在侧对紧贴的防守队员时做转身运球，≥10次	运球综合应用竞赛 组间对抗，每人抢篮板后运球前进，利用胯下、转身和背后运球到中线再返回，看哪一组完成得又快又好
3	顺步、交叉步突破综合练习	巩固持球突破动作方法，掌握持球突破的要点	巩固持球突破的动作方法，做到不走步，知晓持球突破要点：内线空出，外线只有1人防守时可用	1.外线左、右45度，做弧顶顺步、交叉步持球突破练习，≥10次 2.外线左、右45度，弧顶消极防守下做顺步、交叉步持球突破练习，≥10次 3.外线左、右45度，弧顶积极防守下做顺步、交叉步持球突破练习，≥10次	三对三对抗赛 3人一组，两组间对抗，强调持球突破的使用，如使用该技术得分加倍。时间10分钟，以得分多的组获胜
4	学习持球突破后单手肩上投篮	巩固持球突破的动作要点，做好在突破后衔接急停单手肩上投篮	巩固持球突破的动作要点，做好在突破后衔接急停单手肩上投篮的动作	1.两人一组，消极防守下，做顺步、交叉步突破后急停单手肩上投篮，≥20次 2.两人一组，消极防守下，做顺步、交叉步突破后急停单手肩上投篮，≥20次 3.两人一组，积极防守下，做顺步、交叉步突破后急停单手肩上投篮，≥20次	三对三对抗赛 3人一组，两组间对抗，强调持球突破的使用，如使用该技术得分加倍。时间10分钟，以得分多的组获胜
5	复习传切配合与行进间单手肩上投篮的组合衔接	传切配合与行进间单手肩上投篮的组合	1.复习传切配合 2.复习行进间单手肩上投篮高手投篮 3.复习传切配合与投篮结束的组合技术	1.积极防守下传切配合练习，≥15次 2.原地运球的行进间单手肩上投篮和高手投篮，≥15次 3.传切配合与投篮练习，≥25次	规定时间内传切配合与投篮比赛 单手肩上投篮投进一个得3分，高手投篮得2分，看谁得分多

续表

课次	专项主题	学习目标	基本部分（学—练—赛）		
^	^	^	学习活动	练习活动	比赛活动
6	复习外线运球、传球、投篮技术组合衔接应用	巩固外线运球、传球、投篮的组合动作方法	1. 学习接固定区域内（罚球线、三分线）的传球，运球上篮练习的动作要领 2. 学习在固定区域内的情况下，接固定区域内（罚球线、三分线）的传球后运球上篮练习的动作要领	1. 练习在固定区域内（内线、罚球线、三分线）的传球后运球上篮，≥20 次 2. 练习在固定区域内防守接球人的情况下（内线、罚球线、三分线）的传球后运球上篮，≥20 次	外线组合技术竞赛 两组间对抗，在有防守情况下规定时间运球、传球，接固定区域接高手投篮比赛
7	一对一、二对二攻防练习，综合运用进攻和防守技术	复习一对一攻防，学习半场和全场二对二方法	1. 复习一对一，全场一对一练习 2. 学习半场、全场二对二练习	1. 半场一对一练习，在练习中能够完成得分 ≥5 次 2. 全场二对二练习，在练习中能够完成得分 ≥4 次	三对三攻防（强弱分层）
8	真实比赛（综合运用所学运球、传球、投篮技术）	五对五比赛	进行真实小篮球规则下的比赛	真实小篮球规则下的比赛 要求：进攻队员积极进攻，防守队员积极防守	真实小篮球规则下的比赛

第四章 基于比赛情境的小篮球技战术课堂教学

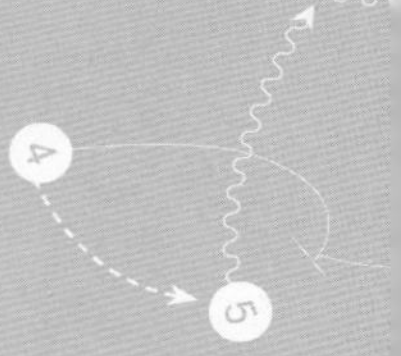

在上一章阐述了小篮球大单元教学的基础上，本章内容主要从课堂教学的角度讲解基于比赛的小篮球技战术教学。在新课标指导下的小篮球课堂结构中的基本部分分为"教会""勤练""常赛"三个要素，并由此组成了一个完整的教学体系。而且，三个要素在不同年级中具有不同的技术或战术教学内容和需要达到的应用要求。本章最后将以教学案例的形式展示基于比赛的小篮球课堂教学是如何开展的。

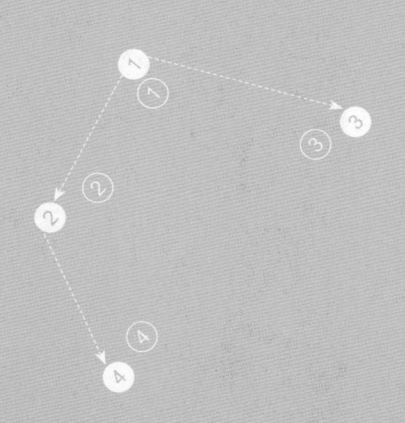

第一节　基于比赛情境的小篮球技战术课堂教学流程

基于比赛情境的小篮球技战术课堂教学流程是以"教会""勤练""常赛"三个要素为核心形成的完整体系，可以概括为：

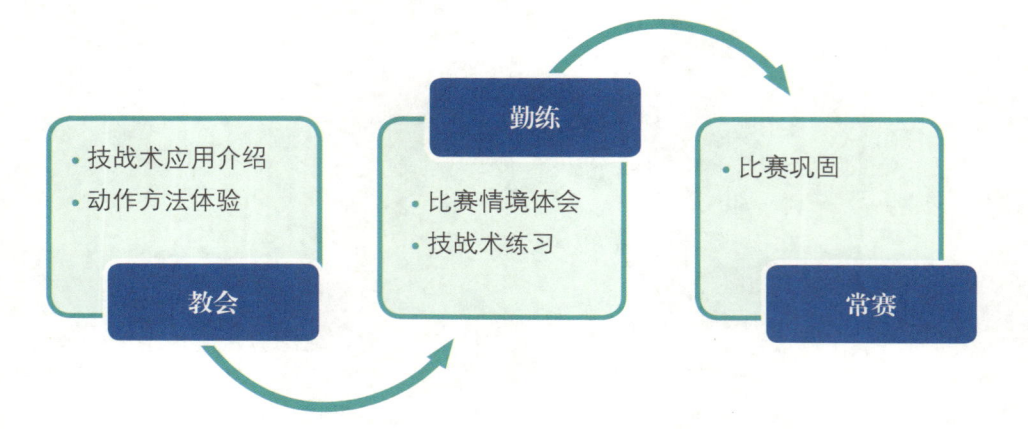

教会
- 技战术应用介绍
- 动作方法体验

勤练
- 比赛情境体会
- 技战术练习

常赛
- 比赛巩固

第四章 基于比赛情境的小篮球技战术课堂教学

教会

要求

通过教师讲解示范，或者使用视频、挂图、卡片等形式，介绍相关技术动作在比赛中的应用场景，并引导学生归纳总结出技术动作应用的目的和作用，之后简单讲解练习技术动作的方法。

举例

教学内容：比赛当中的传接球

通过视频展示，引导学生讨论总结出以下要点。

传接球的作用：一是使篮球脱离人员密集区；二是执行快攻时将球快速推进到前场；三是将球传给无人盯防的队友，创造投篮机会；四是通过传切、突分配合创造投篮机会等。

传球要点：精准，出其不意，看准防守队员的空当进行传球。

接球要点：彼此呼应，明确接球位置，创造接球路线。

接下来，教师讲解不同传球的技术动作和接球的方法及应用要求，并带领学生进行简单练习。

勤练

要求

描述比赛情境让学生体会，这种情境是在比赛中常见的、有代表性的。教师在比赛进行一段时间之后提出技术应用的问题，让学生总结在比赛中运用技术的时机。教师根据学生掌握情况，安排简短的技术规范练习，之后继续进行比赛情境下的练习。

举例

练习："两传一抢"游戏

要求：

所有学生分为若干组，每组3人、1个篮球，2人（进攻队员）互相传球，1人（防守队员）在中间抢截球。

持球者不可持球走或运球。

防守队员用手部触到球即为抢截球成功（不可用脚踢）。

传出被抢截球的进攻队员变成防守队员。

提问：

若干分钟后，教师停下比赛并提问："你应该怎样将球安全传出？"

引导学生回答：观察防守队员的动作，寻找空当，用正确和快速的传球动作传球。如果防守队员重心低，可采用头上传球；如果防守队员高举双手，可以采用体侧传球等。

教师继续提问："接球队员如何协助队友传球？"

引导学生回答：移动自己的位置去改变同伴传球路线，同时与其他队员进行呼应，使防守队员难以防范。

练习：

教师安排学生继续进行此游戏。

常赛

要求

结合本节课所学习的主要内容，设计简化规则的比赛形式，让学生在模拟比赛的情境下体验技术的实践应用。

举例

比赛：三对三篮球赛

要求：

6人一组，1个球。

3人进攻，2人防守，1人替补。

进攻传球3次以上才能投篮。

球进得2分；球未进但碰篮网、篮板或篮筐得1分；累计得5分后交换攻防。

提示：

向进攻方重点强调本课练习对传接球的要求；向防守方重点强调对持球队员的防守。本次比赛对无球队员防守和投篮不做明确要求，随后续课程逐渐增加。

在整节课的教学中，学生能够真正在接近小篮球比赛情境下进行有针对性的练习和竞赛。虽然一节课的容量不大，练习的也只是相应技术的某一个或几个应用要点和要求，但是随着课程的继续进行，技术的应用要求也会逐渐完善，学生对技术的理解和应用能力也会越来越好，对小篮球运动的兴趣在不断增加，对它的理解进一步深入。

第二节 基于比赛情境的"教会""勤练""常赛"内容

基于比赛情境的小篮球技战术课堂教学流程包括"教会""勤练""常赛"三个重要部分,对应的是大单元中每节课的学习活动、练习活动和比赛活动。接下来,将逐一阐述小篮球核心技战术在课堂"教会""勤练""常赛"三个部分中的具体内容。

■ 基于比赛情境的"教会"内容

以下是教师首先需要了解,并且要让学生知道的小篮球技战术的动作要点和应用要点。

第四章 基于比赛情境的小篮球技战术课堂教学

类别	内容	动作（知识）要点	应用（理解）要点
基本姿势	进攻准备姿势	无球：抬头平视，身体微屈，两肘自然下垂于体侧，手在胸前，保持平衡，急停和起跳等技术相结合，后背挺直。持球"三威胁"：面对篮筐和防守队员，身体微屈，后背挺直，抬头，持球于身体强侧，手形似投篮姿态，随时能突破、能传球和能投篮	无球攻状准备时，可与切入、移动摆脱、接球、急停和起跳等技术相结合，面对防守，持球"三威胁"是准备姿势急停后，面对防守，准备实施攻击
	防守基本姿势	面对防守，两脚间距略宽于肩，双膝微屈，重心降低，后背挺直，抬头	防守的基本姿势，便于防守队员保持身体平衡，能够向任何方向快速移动跟防进攻队员
移动	变速跑	加速时，步频快，蹬地有力；减速时，步幅大，重心低	利用速度快慢节奏的变化，让防守队员失位或错失防守良机，进而形成有利的攻击时机
	变向跑	蹬、跨、转有力，变向突然，加速快	一般用手通过突然改变方向加速摆脱或超越对手，以获得更好的攻击机会
	侧身跑	头部和上体侧转向球的方向，脚尖朝向前进方向，两手随时准备接球	一般用手快攻中快下的队员。侧身跑既有利于观察、判断和接球，又有利于保持快速推进
	跨步急停	急停时，先跨一大步降低重心，再跨一小步制动	突然性强，便于摆脱防守。一般用手快速移动中，与运球、接球、投篮等技术动作衔接
	跳步急停	急停时，两脚同时落地	一般用手中速或慢速移动中，双脚均可做中枢脚，便于投篮、传球等技术衔接
	滑步	脚要贴地滑行，重心平稳，身体无起伏，滑步时两脚无交叉和并拢。（前/后/侧）滑步时，两手臂伸出，压缩进攻队员的传球空间	一般应用于持球的进攻队员，多后撤步结合。改变进攻队员的运球方向。滑步时做到：动作快，步幅适中，不要出现跳步，位置始终保持在防守队员和投篮之间
	后撤步	后撤步时，前脚掌蹬地，后转迅速，重心平稳	常与滑步和侧滑步结合，用手防守进攻队员的变向而采用的专门步法
	追堵步	追堵时，起动快，超越对手后，合理利用滑步和后撤步，以及合理的手上动作，堵截对手，延缓其进攻	一般应用手快于进攻队员，特别是控球队员领先于防守队员，形成有利的进攻局面时，防守队员快速防守进攻队员，力争抢在球前阻止对方的快速进攻。追堵步在小篮球比赛中运用比较普遍，一般与滑步和后撤步相结合

61

续表

类别	内容	动作（知识）要点	应用（理解）要点
运球	高、低运球	高运球时，推按球有力，手脚配合协调；低运球时，降低重心，球控制在膝关节部位及以下，目视前方，注意护球	在小篮球比赛中运用比较普遍。高运球一般应用于无防守情况下后场向前场快速推进，或原地运球控制比赛节奏等；低运球一般在遇到对手紧逼、抢球或突破时使用
	体前变向运球	运球手按拍球快速变换运球方向，呈"V"形改变方向，同时转体、探肩护球，并加速换手运球超越对手	在小篮球比赛中运用比较广泛，一般防守队员与运球队员之间有一定距离，运球队员通过运球方向的变化摆脱防守
	转身运球	重心下降，快速平稳，提拉球与转身、脚步动作协调一致	在小篮球比赛中运用的较少，一般多用于运球队员被对方严密防守，并目防守队员靠近有球一侧时，运球队员利用转身变换路线
传接球	双手胸前传接球	传球时，面向传球目标，处于"三威胁"姿势，胸前持球。传球时，后脚蹬地，两臂前伸、翻腕、拨球，顺势将球传出随着球的飞出，手臂保持眼随动作	双手胸前传球在小篮球训练和练习中运用比较广泛，具有传球速度快、准确性高的特点。与运球、突破、投篮等技术结合，攻击性更强
		不管是双手接球还是单手接球，来球方向迎球，手形类似漏斗，触球后双手顺势缓冲，收球于胸腹之间，并保护好球	双手接球稳定性强，能够承受较大的力量。单手力量和控球能力不足，容易失误。由于这个年龄阶段的队员手臂比较普遍。在教学训练中加强接球技术与传球、运球、投篮、突破等技术的有效衔接。单手接球控制的范围大，能接不同方向的来球，它有利于队员快速、灵活地发球技术，提高控球能力
	双手头上传球	两手持球于头上。传球时，腰腹发力，两臂前挥、手腕前屈拇指、食指和中指用力拨球，将球传出	一般应用于内线高大队员拿到篮板球后，利用身高、臂长的优势，拉大球与防守队员之间的距离。在后场发动快攻、发界外球、中长距离转移球时也常使用此技术，是每个队队员必须掌握的传球手段
	双手击地传接球	双手击地传球与双手胸前传球动作方法基本一致。传球时，腕、指部用力要更大些，否则反弹高度不够，不利于接球；击地点应为离接球队员三分之一处，反弹高度在同伴的腰腹之间	8岁以下小队员首先教授这种传球方法。因为他们的身体能力、反应能力还不成熟，这种传球法可以给他们更多的反应时间判断球反弹的方向，便于顺势接球。熟练掌握这种方法后，可学习新的传球技术

62　小篮球教师指导手册

续表

类别	内容	动作（知识）要点	应用（理解）要点
传接球	单手胸前传球	单手胸前持球。传球时，身体稍右转，左手离球开球，右手通过伸臂、屈腕、拨指，将球传出	一般应用于近距离传球。这种传球动作方法易与其他动作结合
	单手体侧传球	以右手为例，传球时，右手持球后引，经体侧向体前弧线摆动，手腕弯曲，用食指和中指用力量拨球，将球传出	传球方法比较隐蔽，一般在外围队员传球给内线队员时使用
投篮	原地单手肩上投篮	投篮时蹬地、伸膝、屈腕、拨指，全身协调用力，动作连贯	出手点高，不易封盖，可与运球、跳起投篮等结合
	行进间高手投篮	以右手投篮为例，右脚跨出一大步同时收球，左脚跨出一小步然后快速起跳，身体向篮筐方向充分伸展	行进间高手投篮在比赛中运用比较多，出手点高，高手较轻松地将球投出
	交叉步突破	蹬跨有力，速度快，步幅适中，转体、推放球动作连贯，"中枢脚"离地前快速放球	一般应用手持球队员离防守队员较近，或持球队员利用限制动作假晃，借助同伴掩护等，使对手失去合理的防守位置；左右变突，突破威力更大
持球突破	传切	纵切、横切和空切的具体要求	配合需要一定的空间；切入队员要根据场上情况掌握切入时机，快速摆脱防守，切入篮下准备接球投篮；传球队员要利用"三威胁"姿势、吸引、牵制对手，当切入队员处于有利位置时及时准确地将球传给他
进攻战术基础配合	防守有球队员	保持防守基本姿势，能够及时地占对手和球篮之间的位置，并处在"一臂防守距离"；一只手在侧下方干扰对方运球，另一只手上场防止对手传球和投篮，迫使对手用弱侧手运球；眼睛盯着传球队员的腰部	与持球队员保持"一臂距离"，不要轻易断球，这样容易失去位置时的占合理位置，给运球队员制造麻烦，如带球建人；对运球队员采取针对策略，改变其进攻方向，把运球队员逼向边线或中线，迫使运球队员使用弱侧手运球等。当运球队员停下时，防守队员应两手随球员的移动而迅速进行积极封挡
人盯人防守	防守无球队员	选择有利位置（阻断站位）和正确的防守姿势，建立"球一防守队员一对手"的概念，确保防守队员能看到球，防止对手在有利的位置接到球	可用手一防守队员和防守对象之间的距离，不断调整自己的站位，封堵该队员和防守队员之间的传球线路，同时要预测空切的发展，又早封堵空切。当自己防守的队员离持球队员较近时，采用"阻断站位"；当自己防守的队员离持球队员较远时，采用"开放站位"

63

■ 基于比赛情境的"勤练"和"常赛"内容

以下是在学生了解了技战术的动作方法和应用要求之后，进行对应的练习和比赛的内容。并且根据一至六年级的不同阶段的教学内容以及学生掌握的水平，设计不同阶段技战术的"勤练""常赛"的内容。

（一）一、二年级基于比赛情境的"勤练"和"常赛"内容

一、二年级学生是小学当中年龄最小的学生，针对他们的小篮球教学应该以游戏的形式，传授篮球基本姿势、移动、运球、传接球、投篮、人盯人防守等内容，让他们在一开始就对小篮球有简单认知，并初步形成对小篮球运动的兴趣。

1. 技术的"勤练"和"常赛"要达到的目标

一、二年级学生对小篮球的认知还处于最初阶段，对技战术掌握的程度也是最简单的，更多的是对技战术的直观认知，并在以比赛为背景的游戏中感受技术的使用。通过反复的体验，学生逐渐对小篮球运动和比赛有初步的了解。

类别	内容	达到的目标
基本姿势	进攻与防守准备姿势	对小篮球进攻与防守准备姿势有一定的概念，并能掌握有球和无球进攻、防守的准备姿势，在学练中逐步养成做准备姿势的习惯，并能在练习和比赛中运用
移动	变速跑、变向跑	了解进攻移动脚步的概念以及在比赛中的作用，能够掌握变速跑、变向跑等动作方法，以及跑动中的快慢节奏和方向的变化等
	侧滑步、后撤步	了解防守移动脚步的概念以及在比赛中的作用，初步掌握侧滑步、后撤步的动作方法，在一对一防守中简单体验
运球	高、低运球	建立初步的运球技术动作概念，模仿简单的运球技术动作，体会高、低运球和体前变向运球动作的要领。结合简单的游戏活动，逐步提高球感及运球的熟练程度
	体前变向运球	
传接球	双手胸前传接球	建立初步的传接球动作概念，认识传接球技术的重要性。通过模仿、体会简单的传接球技术动作，能够初步掌握原地双手、胸前传接球、头上传球和击地传接球等技术动作的方法和要领，并能在静止状态下较准确地传球给静止目标，再到传球给移动目标
	双手头上传球	
	双手击地传球	
投篮	原地单手肩上投篮	明确什么是投篮以及投篮的重要性。建立符合该年龄阶段的单手肩上投篮技术动作的概念。以徒手模仿、近距离原地多角度的投篮游戏方法为主，能初步掌握原地单手肩上投篮时的用力顺序和动作方法，并借力顺势将球投出
人盯人防守	一对一、半场人盯人防守	能够明确小篮球比赛人盯人防守的概念、作用，能够有意识地盯住自己的人，对无球防守、有球防守的动作方法有一定的认识，具有一定的攻防意识

2. 技术的"勤练"和"常赛"方法展示

本部分主要介绍的是与一、二年级阶段的技术内容对应的、基于比赛情境下的练习方法和比赛方法。

（1）基本姿势

种类	技术	练习方法	比赛方法
进攻准备姿势	无球进攻准备姿势、持球进攻准备姿势、持球"三威胁"姿势	学生沿罚球弧顶点两臂间隔面向篮筐站成弧形，听教师哨声后立刻做出无球进攻准备姿势、持球进攻准备姿势、持球"三威胁"姿势	将学生分成攻防两队，进攻队将球放在脚下面向篮筐站成弧形，防守队背向篮筐向前伸出双臂形成攻防状态。双方相距2步。听到"1"时，进攻队需立刻做出无球进攻准备姿势；听到"2"时，进攻队立刻拿起地上的球做出持球进攻准备姿势；听到"3"时，防守队向前跨出一大步，当攻防双方之间距离只有一步时，进攻队需立刻做出持球"三威胁"姿势。做错1次扣1分，扣分少的队为胜队。攻防轮换进行
防守准备姿势	防无球人准备姿势、防持球人准备姿势	学生1米两臂间隔背向篮筐站成弧形，听哨声后立刻做出防无球人准备姿势、防持球人准备姿势	将学生分成攻防两队，进攻队将球放在脚下沿三分线面向篮筐站成弧形，防守队背向篮筐与进攻队形成攻防状态。双方相距1.5米左右。听到"1"时，进攻队需立刻做出无球进攻准备姿势，防守队需相应做出防无球人准备姿势；听到"2"时，进攻队立刻拿起地上的球做出持球"三威胁"姿势，防守队需立刻做出防持球人准备姿势。做错1次扣1分，扣分少的队为胜队。攻防轮换进行

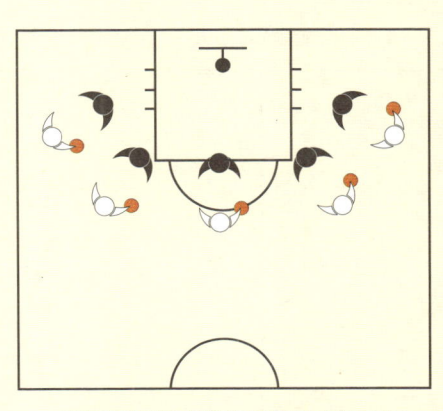

进攻和防守准备姿势练习和比赛方法

（2）移动技术

技术		练习方法	比赛方法
进攻移动技术	变速跑	将学生均等分成4列纵队于端线，教师持球站在远侧罚球线中间。当教师将球举过头顶时，第一排4人立刻加速向前跑；当教师将球放下时，则变成慢速跑，以此类推。教师将球举过头顶的时间为1秒钟即可	将学生均等分成甲、乙两队列纵队于端线外，双方依次派出1名学生分别于端线做原地慢跑，教师持球站在罚球线中间。当教师将球举过头顶时，两人立刻加速跑过罚球线（跑的距离为5.8米）。先过罚球线者得1分，得分多的队获胜
	变向跑	学生从1号标志桶出发，依次在每个标志桶正前变向跑到下一个标志桶，直到跑过第5个标志桶结束（W状）	按照变向跑练习方法，学生每人做一次，教师用秒表计时，没跑到位的一次加0.5秒，其他规则教师可根据实际情况一视同仁制定。每个学生做一次，前三名获胜

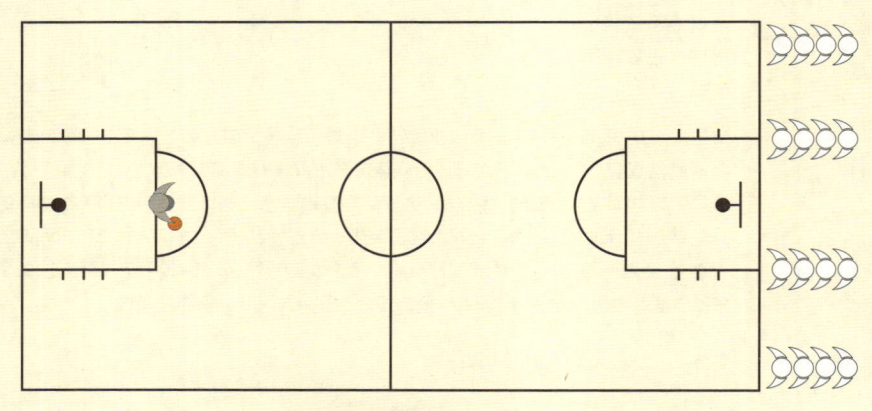

变速跑练习方法

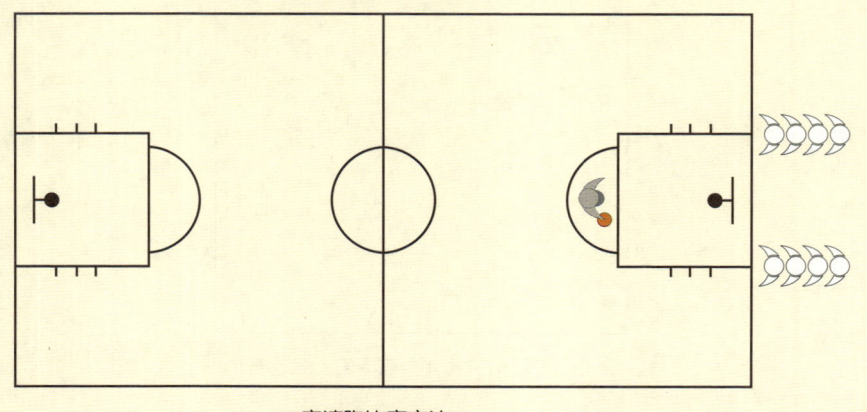

变速跑比赛方法

66　小篮球教师指导手册

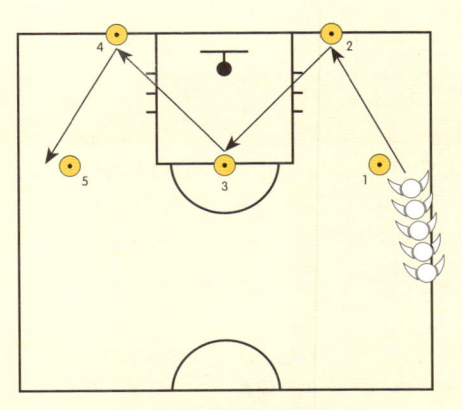

变向跑练习和比赛方法

技术	练习方法	比赛方法
防守移动技术 — 侧滑步	将学生分成两组，分别站在篮框两侧。学生背向篮筐从1号标志桶出发使用侧滑步滑向2号标志桶，用手触摸标志桶后迅速同样用侧滑步滑回原处。然后排到另一侧队尾	将学生均等分成两队，分别站在篮筐两侧。听到教师哨声，各队第一个人背向篮筐从1号标志桶出发使用侧滑步滑向2号标志桶，用手触摸标志桶后迅速用侧滑步滑回原处触摸靠近底线的标志桶后，同队第二个学生出发，以此类推。全队每人做一次。先完成的队获胜，左、右侧各比一次
防守移动技术 — 后撤步	学生背向篮筐从1号标志桶出发使用横滑步滑至2号标志桶，然后使用后撤步再滑向3号标志桶，最后跑回起点，排到另一侧队尾	将学生均等分成两队，双方各在一侧。每队第一个学生背向篮筐从1号标志桶出发使用横滑步滑至2号标志桶，然后后撤步再滑向3号标志桶，然后跑回起点，同队第二个学生出发，以此类推。全队每人做一次。先完成的队获胜，左、右侧各比一次

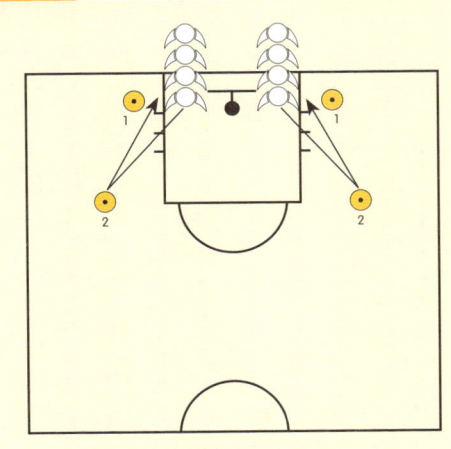

侧滑步练习和比赛方法

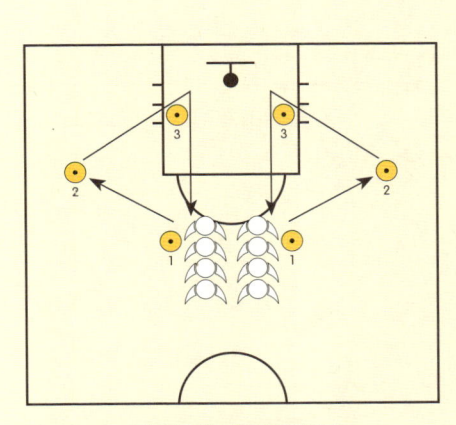

后撤步练习和比赛方法

第四章 基于比赛情境的小篮球技战术课堂教学

67

（3）运球技术

技术	练习方法	比赛方法
高、低运球	沿着圆弧摆放 6 个距离相近的标志桶。学生每人一球从端线开始沿着圆弧运球，在距离弧线较近的 1、3、5 号标志桶前做低运球 5 次，距离弧线较远的 2、4、6 号标志桶前做高运球 5 次。左、右手各做一次	将学生均等分成两队，每人做一次，6 个标志桶前面运球方式全做对的得一分，最后得分多的队获胜。左、右手各比一次
体前变向运球	学生从 1 号标志桶出发，分别在 2 号标志桶和 3 号标志桶的正前做一个体前变向，然后用右手运球跑过 4 号标志桶。左、右侧都要做	按照体前变向练习方法，教师用秒表计时，丢球需返回丢球处接着做，没跑到位的一次加 0.5 秒，其他规则教师可根据实际情况一视同仁制定。每个学生做一次，前三名获胜

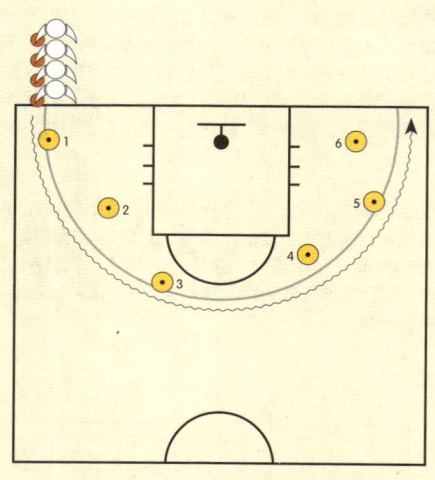

高、低运球练习和比赛方法

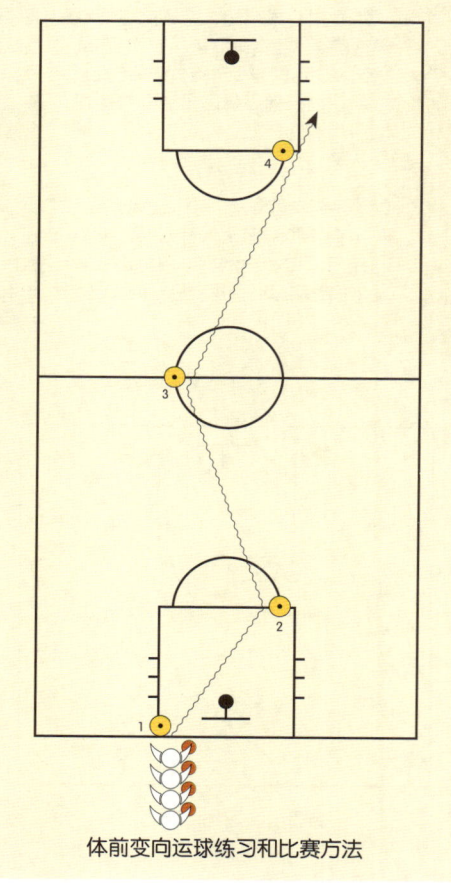

体前变向运球练习和比赛方法

（4）传接球技术

技术	练习方法	比赛方法
双手胸前传接球	在1号和2号、3号和4号、5号和6号标志桶后面的学生各组成一队，每队一球，每个同学面朝篮筐传球给侧面同伴后沿着中间方向跑到侧面的队尾，以此类推	按照双手胸前传接球练习方法，教师进行30秒计时，传球次数多的队获胜。左、右、中间各比一组

双手胸前传接球练习和比赛方法

（5）投篮技术

技术	练习方法	比赛方法
原地单手肩上投篮	将学生分成两组，每人一球。五个点分别距离篮筐1.5米。一个组从右侧0度、一个组从中间90度开始做原地单手肩上投篮，每个组投进10个球后，按顺时针方向依次移到下一个点投篮	学生每人在距离篮筐1.5米的5个点各投一次球。投中一次得一分。为节省时间可同时安排两人一起错开点投。5分为优+，4分为优秀，3分为良好，2分为及格

原地单手肩上五点投篮练习和比赛方法

第四章 基于比赛情境的小篮球技战术课堂教学

69

（6）人盯人防守

技术	练习方法	比赛方法
无球一对一	两人一组，面对面形成攻防阵势，防守学生背向篮筐做出防无球人基本姿势，进攻学生则面向篮筐做出无球进攻姿势，哨响后，进攻学生在标志桶之间做3个来回的变向跑。防守学生需利用防守脚步，尽量面对面跟上自己的对手	两人一组，面对面形成攻防阵势，防守学生背向篮筐做出防无球人基本姿势，15秒钟计时，进攻学生面向篮筐做不规则的变向跑，防守学生需利用防守脚步，尽量面对面跟上自己的对手。左、右、中间各比一次。计时结束后，教师应给予积极努力进攻或防守的学生口头表扬。
持球一对一	将篮球半场分成4块，4对学生分别在各自区域内做一对一运球，防守队员抢下球后则攻守互换	按照持球一对一练习方法，教师1分钟计时，时间到了吹哨，持球一方获胜。教师可根据学生水平，进一步细化规则

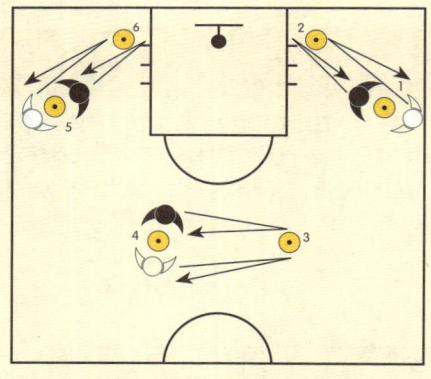

无球一对一练习和比赛方法 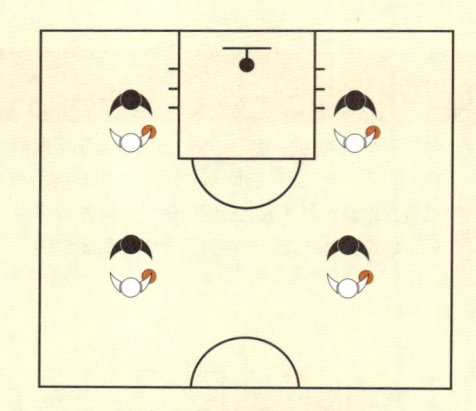　　　　　持球一对一练习和比赛方法

（二）三、四年级基于比赛情境的"勤练"和"常赛"内容

经过了一、二年级的小篮球游戏和体验，学生对小篮球运动已经有了一个初步的认识和感受。三、四年级将注重学生对篮球攻防技术动作的学习和练习，以及技术动作的组合练习。

1. 技术的"勤练"和"常赛"要达到的目标

在三、四年级，技战术内容与一、二年级既有联系也有区别，有的技术是延续了一、二年级的学练，目的是继续巩固和提升；有的技术是新出现的内容，需要从头开始认真学练。

总体来说，三、四年级学生的身心都有了明显的发展，对于小篮球技术的理解也更加深入和全面，这个阶段注重的是学生在巩固技术动作的基础上，在多种比赛情境下去使用，并能够将多个技术组合起来进行综合学练。

类别	内容	达到的要求
移动	变速跑、变向跑、侧身跑	进一步巩固变速跑和变向跑等技术的动作方法，并能够在快速移动中运用。练习侧身跑技术的动作方法及要领，初步与接球、运球等技术应用衔接
	侧滑步、后撤步	深入认知防守移动脚步在比赛中的作用，进一步掌握侧滑步、后撤步的动作方法，在一对一防守中体验防守脚步和手臂动作的协调配合
运球	高、低运球	逐步提高运球的熟练程度和身体的协调配合能力，能够进行多种简单比赛情境下的高、低运球和体前变向运球应用，并能与传球、投篮、突破等技术之间进行有效衔接。体会运球技术运用的速度、节奏
	体前变向运球	
传接球	双手胸前传接球	继续巩固双手传接球动作，掌握单手胸前传球和体侧传球技术动作的方法和要领，能够与运球、投篮等技术动作组合，并能在移动状态较准确将球传给静止目标，再到传球给移动目标。传球队员能够根据防守队员的位置和防守动作，采用有针对性的传球方式。接球队员能够根据持球队员位置和被防守状态选择合理位置接球
	双手头上传球	
	双手击地传球	
	单手胸前传球	
	单手体侧传球	
投篮	原地单手肩上投篮	进一步掌握单手肩上投篮动作方法。对持球手法、部位和"蹬地、伸膝、展腰、抬肘、伸臂、屈腕、拨球"的发力顺序的掌握基本准确，能够初步做到运球、传接球、突破技术与投篮动作之间的衔接，在简单攻防对抗下进行投篮
人盯人防守	一对一、半场人盯人防守	对人盯人防守的认识更加清晰，个人防守能力和防守技巧进一步提高，能够在防守时兼顾人、球、球篮和区域之间的关系

2. 技术的"勤练"和"常赛"方法展示

本部分主要介绍的是与三、四年级的技术内容对应的、基于比赛情境下的练习方法和比赛方法。

（1）移动技术

技术		练习方法	比赛方法
移动进攻技术	变速跑	学生从球场中线开始行进间运球，在标志桶1米前将球传给位于弧顶外侧的教师，然后突然加速向篮下跑动，接回传球投篮或上篮	按照练习的要求，学生每人做一次，教师根据学生完成动作的质量给予优、良、及格的评定
	变向跑	学生持球排一列纵队在弧顶，第一个学生无球从1号标志桶出发，分别在2号、3号标志桶前面做变向，然后绕过4号和5号标志桶向篮下空切，接同伴传球后投篮，以此类推	将学生分为两队，按照变向跑练习的要求，5分钟之内投中球多的队获胜。教师可以根据实际情况调整此训练的密度，例如安排两名无球学生做，左、右侧各比一次

续表

技术		练习方法	比赛方法
移动进攻技术	侧身跑	学生在1号标志桶前面做防守姿势，当位于罚球线的教师将球举过头顶时，学生立刻从防守状态转换为进攻状态，从1号标志桶出发，沿着同侧边线侧身跑到前场将球拿起到篮下投篮，然后再将球放回原处。拿球之前必须有3次以上和教师对视。教师可根据学生训练水平调整训练密度	按照全场侧身跑练习的要求，每人做一次，教师按照学生完成动作的质量给与优、良、中档次的评定

变速跑练习和比赛方法

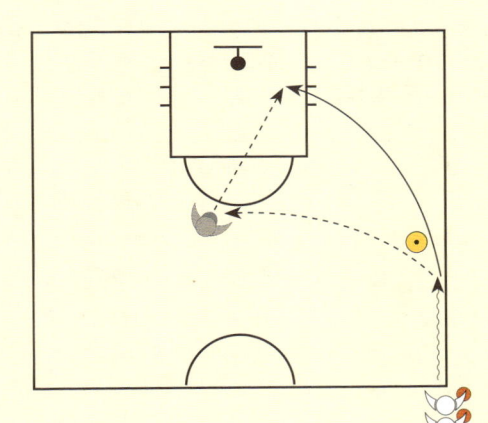

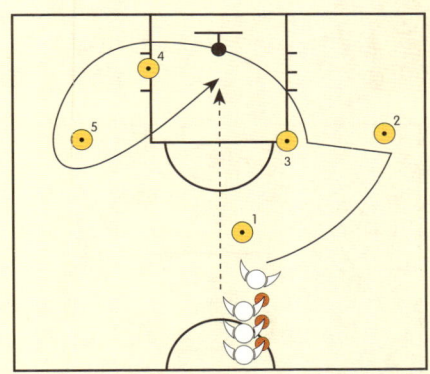

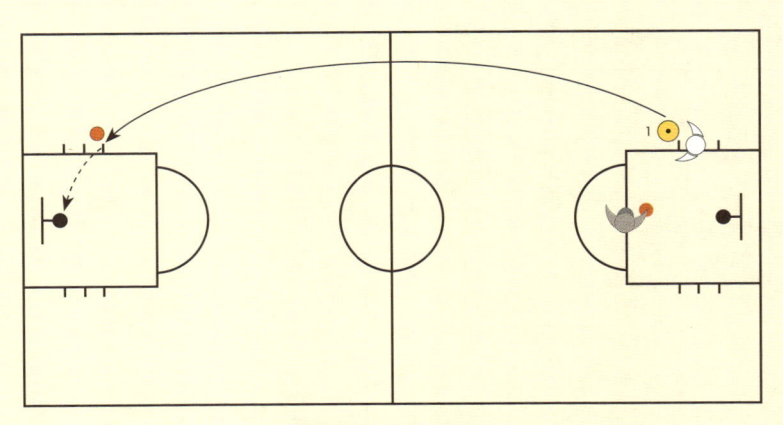

变向跑练习和比赛方法

侧身跑练习和比赛方法

技术	练习方法	比赛方法
防守移动技术 — 横滑步	**5.8米×6次横滑步练习** 学生依次在两侧和中间的标志桶之间做5.8米×6次横滑步	**5.8米×6次横滑步接力比赛** 将学生平均分成三组，依次在中间和两侧做5.8米×6次侧滑步接力比赛，速度快的队获胜。左、右、中间各比一组 **30秒横滑步+变向运球比赛** 教练员30秒计时，进攻学生在2个标志桶之间做不规则的行进间变向运球，防守学生则利用横滑步始终面对面跟上进行防守。教练员根据学生动作完成质量给予优、良、中的评定
防守移动技术 — 后撤步	**之字形滑步练习** 学生依次从1号标志桶出发至4号标志桶做横滑步+后撤步	**之字形滑步比赛** 按照之字形滑步练习要求，学生每人做一次，起点1号标志桶，终点4号标志桶。教练员秒表计时，前三名速度快的学生获胜 **之字形持球一对一比赛** 将学生配对分成攻防两人一组，进攻学生从1号标志桶至4号标志桶做行进间变向运球，防守学生则应滑步尽量跟上。教练员根据学生动作完成质量，给予优、良、中的评定

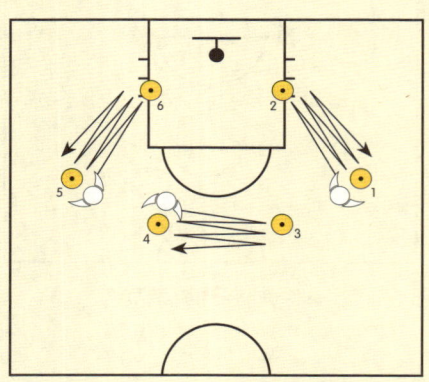

5.8米×6次横滑步练习和接力比赛方法

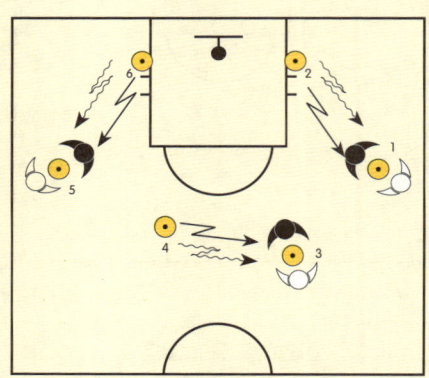

30秒横滑步+变向运球比赛方法

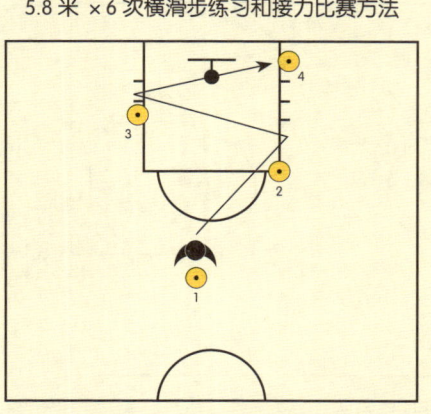

之字形滑步练习和比赛方法

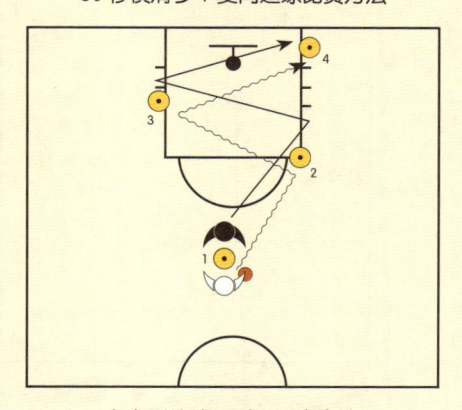

之字形持球一对一比赛方法

（2）运球技术

技术	练习方法	比赛方法
高、低运球	学生依次从中场行进间高运球到标志桶，然后换成低运球到篮下投篮	学生按照高、低运球投篮练习方法，每人做一次，教师根据学生完成动作的质量给予优、良、中的评定
体前变向运球	学生依次持球从中线左手行进间运球至标志桶前面做体前变向运球后到篮下投篮	将学生分成两队，按照体前变向运球投篮练习要求，先投中10个球的队获胜。左、右侧各比一次

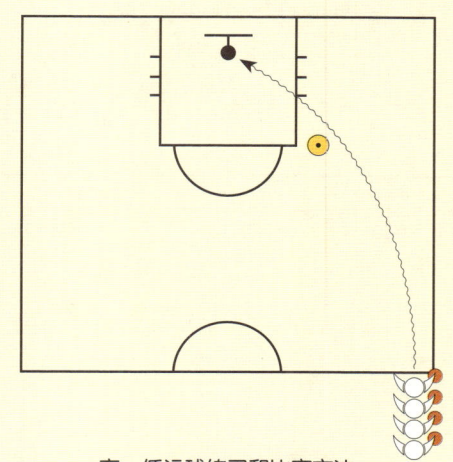

高、低运球练习和比赛方法

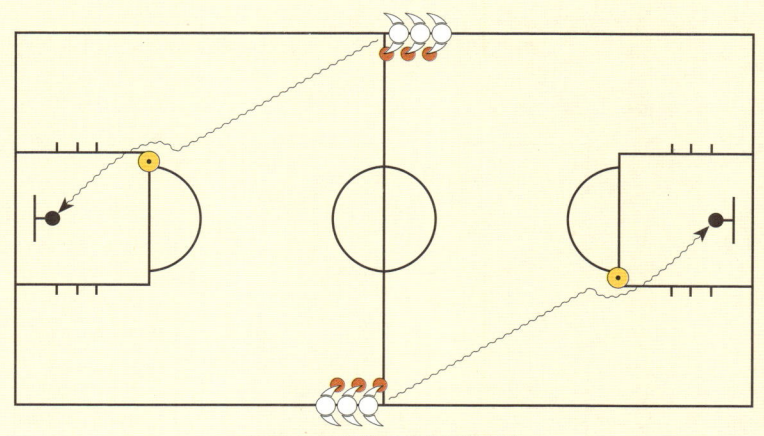

体前变向运球练习和比赛方法

（3）传接球技术

技术	练习方法	比赛方法
双手传接球	将学生分成两人一组，中间学生拿球，与边线的同学做3次行进间双手传球后，由边线学生到篮下投篮。然后互换位置	将学生分成两组，先投中10球的组获胜。左、右侧各比一次
单手传接球	**原地四角单手传接球练习** 将学生分成4人一组，顺时针时用左手单手传球，逆时针时用右手单手传球	**原地四角单手传接球比赛** 将学生4人一组分成若干组，每组传50个球，先完成的组获胜。顺时针和逆时针各比一次。也可以传两球 **"遛猴"游戏** 将学生分成6人一组，两人站在里面抢球当"猴"，如球被"猴"抢到，失误者进来当"猴"

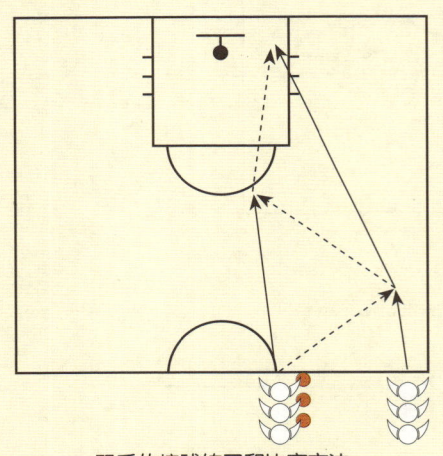

双手传接球练习和比赛方法

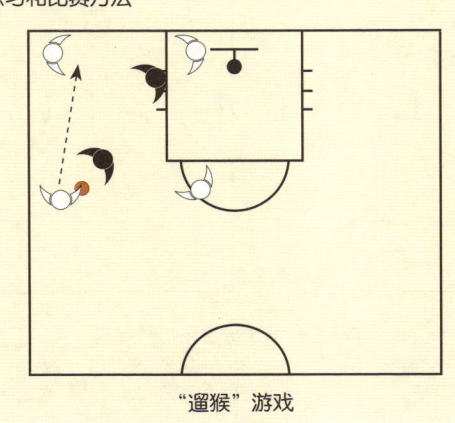

原地四角单手传接球练习和比赛方法

"遛猴"游戏

（4）投篮技术

技术	练习方法	比赛方法
原地单手肩上投篮	**四点原地单手肩上投篮练习** 将学生分成两组，一组在1号标志桶前面投篮，另一组在3号标志桶前面投篮，然后按顺时针方向更换投篮位置	将学生分成两组，按练习方法投篮，每个点投进10个球，先完成的组获胜
	罚球练习 将学生分成两组练习罚球	将学生分成两组，先投中20个的组获胜

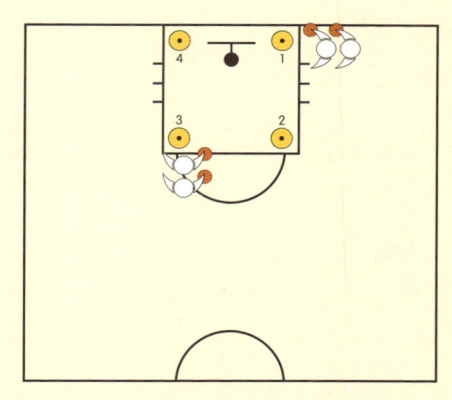

四点原地单手肩上投篮练习和比赛方法

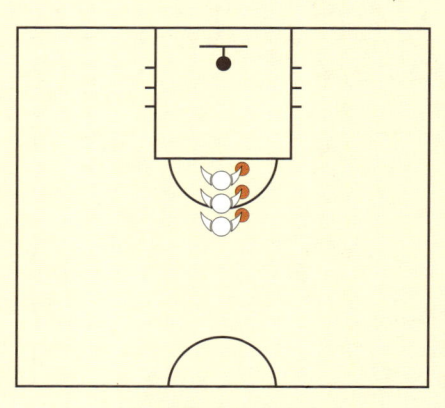

罚球练习和比赛方法

(5) 人盯人防守

技术	练习方法	比赛方法
一对一防守	防守找人练习 教师站在后场罚球线中间，4人一队，两队共8人围着罚球圈跑动，当教师将球递给其中任意一名学生时，这名学生立刻跑到端线发后场底线球，防守的4名学生应立刻找到自己的防守对象实施防守	按照防守找人练习要求，教师对快速找到防守对象的学生给予表扬
半场人盯人防守	半场人盯人防守选位练习 将学生分成攻防两队，攻防各4人，球在不同位置时采用不同的防守选位	将学生分成甲乙攻防两队，每队4人，按照半场人盯人防守选位练习的要求，进攻方原地相互传球10次，防守方暂不断球，防守方根据球的位置，及时调整防守位置。站错一次扣一分，扣分少的队获胜

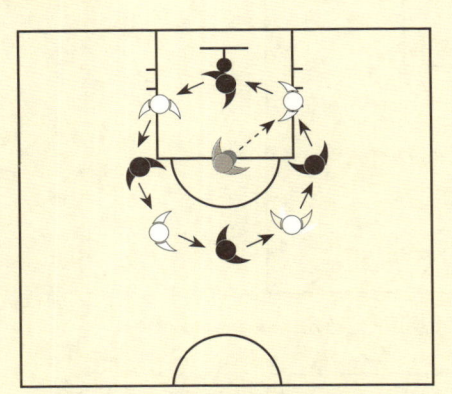

防守找人练习和比赛方法

半场人盯人防守选位练习和比赛方法
（球在1号进攻队员手里）

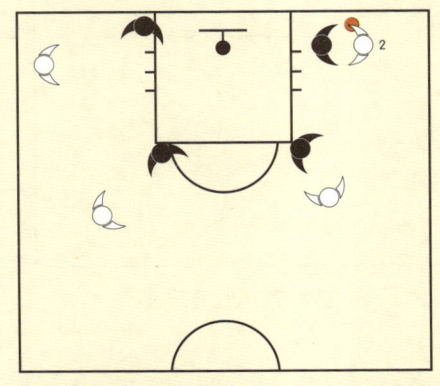

半场人盯人防守选位练习和比赛方法（球在2号进攻队员手里）

（三）五、六年级基于比赛情境的"勤练"和"常赛"内容

经过了一、二、三、四年级的小篮球游戏和体验，学生对小篮球运动已经有了比较深入的认识，能够基本掌握小篮球核心技术并在比赛中初步应用。五、六年级将注重学生把所学技术和技术组合应用到更复杂的比赛情境中，进行体验和提高。

1. 技术的"勤练"和"常赛"要达到的目标

在五、六年级，技战术内容与水平是最高的和最复杂的。不仅有技术的内容，还加入了简单的进攻基础配合。

总体来说，五、六年级学生已经能够较为熟练地使用所学技术和技术组合，并能在多种比赛情境下进行应用。本阶段的技术学练目标要更加体现实战性。学生在不同人数、不同规则要求下锻炼和提高。

类别	内容	达到的要求
移动	跳步急停、跨步急停	能够较熟练掌握常用的移动脚步，掌握跳步急停、跨步急停的动作方法。能够在比赛将脚步移动与基本的运、传、投等技术之间进行衔接
	追堵步	熟练掌握防守移动脚步的动作方法以及与手臂动作的协调配合，并在局部比赛中进行有效应用。基本认知追堵步在比赛中阻止快攻推进时的重要作用，并掌握追堵步的动作方法
运球	体前变向运球 转身运球	进一步巩固常规运球动作方法与应用实践要求，基本掌握转身运球技术动作要领。提高运球技术的手、脚配合的协调性，要求两手均能够完成所学运球动作技术，注重与其他技术之间的组合衔接，掌握组合运球技术的动作要领。通过创设"比赛环境"，在攻守对抗下提高运球技术的实战性
传接球	单手胸前传球 单手体侧传球	熟练掌握单手传接球的方法和要领，通过增加传球的难度、力度等，提高中长距离传球的准确性，并与投篮、运球等技术之间有效衔接。结合比赛情境，能够在被防守的状态下较准确地将球传给目标。接球者能够根据情况选择合理的接球位置与距离
投篮	原地单手肩上投篮 行进间高手投篮	逐渐规范原地单手肩上投篮基本技术动作，体会投篮假动作的要领和运用时机。初步掌握行进间高手投篮的动作方法。巩固投篮技术的熟练程度和用力协调程度，并提高投篮与其他技术之间的有效衔接。通过创设比赛环境，逐步提高攻守对抗下投篮技术的运用
持球突破	交叉步突破	学习和巩固交叉步持球突破技术，明确交叉步持球突破动作应用时机，并能与传球、投篮、突破等技术之间进行有效衔接，能初步在比赛对抗中进行使用
进攻战术基础配合	传切	明确进攻战术基础配合的概念，能够基本识别传切配合方法。初步掌握传切战术基础配合路线、方法及简单运用，注重队员思维能力的培养，向队员介绍为什么这样做，以及动作要领是什么。体验进攻战术配合的乐趣
人盯人防守	一对一、半场人盯人防守	能够较严密地控制自己的防守对象。在防好自己对手的基础上，具有一定的协防和补防意识，并能够结合比赛，在实战中运用

2. 技术的"勤练"和"常赛"方法展示

本部分主要介绍的是与五、六年级的技术内容对应的、基于比赛情境下的练习方法和比赛方法。

（1）移动技术

技术		练习方法	比赛方法
进攻移动技术	跳步急停	学生从1号标志桶出发，依次在1—5号标志桶前面做跳步急停后变向跑向下一个标志桶（W状）	按照跳步急停练习方法，从1号标志桶开始，到5号标志桶结束，教练员秒表计时，前三名完成速度快、质量高的学生获胜
	跨步急停	学生从1号标志桶出发，依次在1—5号标志桶前面做跨步急停后变向跑向下一个标志桶（W状）	按照跨步急停练习方法，从1号标志桶开始，到5号标志桶结束，教练员秒表计时，前三名完成速度快、质量高的学生获胜
防守移动技术	追堵步	学生两人一组，进攻学生面向篮筐。教师站在篮下抛篮板，当教师拿下篮板球时，学生两人立刻攻防角色转换，防守学生争取在中场附近利用追堵步将对手控制住	按照追堵步练习方法，学生每人追防一次，教师根据学生动作完成质量给予优、良、中的评定

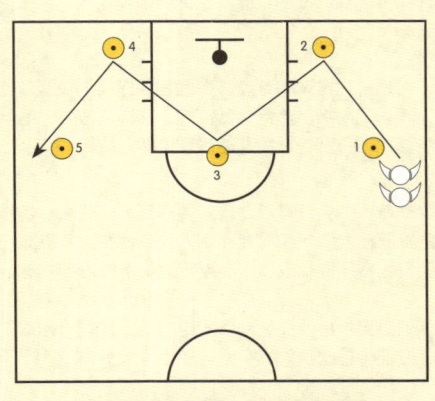

跳步急停、跨步急停练习和比赛方法　　　　追堵步练习和比赛方法

（2）运球技术

技术	练习方法	比赛方法
体前变向运球	学生从1号标志桶运球出发，依次在2号标志桶和3号标志桶前面做一个体前变向运球后传给位于边线的教师或队友，然后空切接回传球上篮	将学生分成两队，按照体前变向运球练习的要求，每人做一次，命中率高的队获胜。左、右侧各比一次
转身运球	学生从1号标志桶运球出发，在2号标志桶前面做体前变向运球，在3号标志桶前面做转身运球后上篮	将学生分成两队，按照转身运球练习的要求，先投中10个球的队获胜。左、右侧各比一次

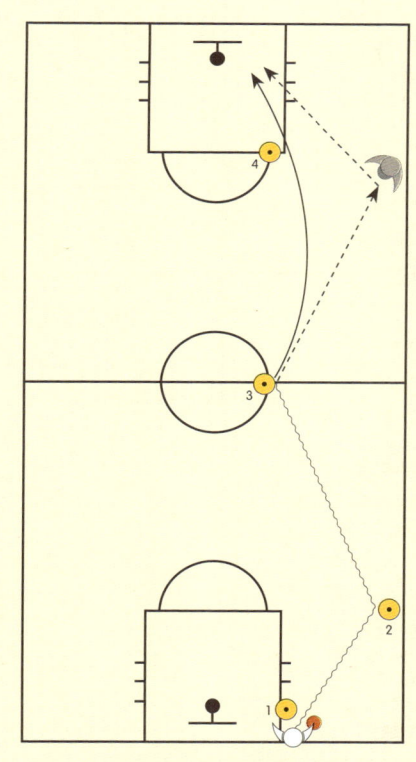

体前变向运球练习和比赛方法　　　　　转身运球练习和比赛方法

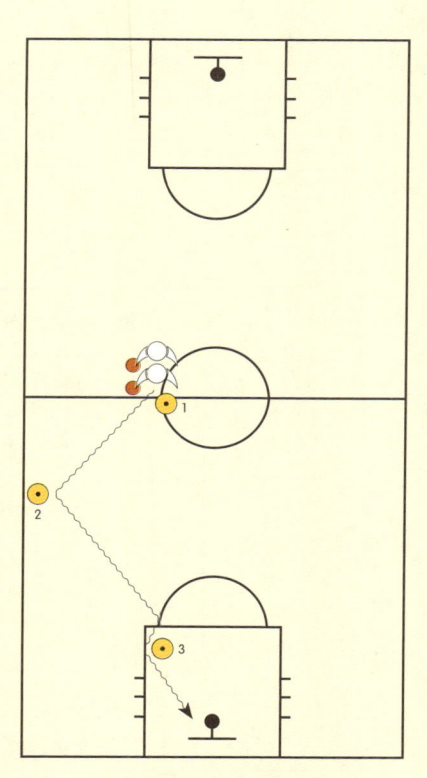

（3）传接球技术

技术	练习方法	比赛方法
单手传接球	**五角星单手传接球练习** 标志桶摆成五角星形状，让学生人数均等地分别站在每个标志桶后面。学生将球传出后，立即跑向接球学生的身后。顺时针用左手传球，逆时针用右手传球	**五角星单手传接球比赛** 将学生分成两队，教师1分钟计时，按照五角星单手传接球练习方法，传球数量多的队获胜 **五角星传球"遛猴"游戏** 将学生分成8人一组，5人在外面，3人在里面当"猴"抢球，抢球成功的"猴"和传接球失误的人进行人"猴"互换

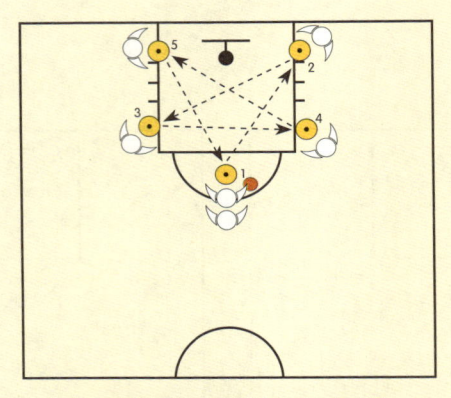

五角星单手传接球练习和比赛方法

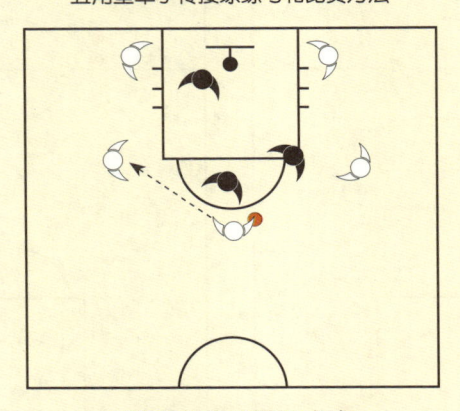

五角星传球"遛猴"游戏

（4）投篮技术

技术	练习方法	比赛方法
原地单手肩上投篮	**5点原地单手肩上投篮练习** 将学生分成两组，分别在1号标志桶和3号标志桶前面投篮，每个点投中10个球后顺时针移动到下一个点。共投中50个球	**5点原地单手肩上投篮比赛** 学生每人每个点投2个球，投中1个计1分，得分多者获胜 **多打少投篮比赛** 学生6人一组，4人站在外面，两人在里面防守，3次传球之内，必须选择空位出手投篮。教师根据学生能力制定规则细节
行进间高手投篮	**半场行进间高手投篮练习** 学生从中线出发，沿边线运球后上篮 **全场行进间高手投篮追防练习** 将学生分成两人一组，进攻学生站在边线里面，防守学生站在端线里面。进攻学生接到教师传球后立刻做全场行进间高手投篮，防守学生则立即抄近道实施追防。左、右两侧均要练习	将学生分成两队，按照半场行进间高手投篮练习的要求，先投中10个球为胜。左、右手各比一组 学生两人一组，按照全场行进间高手投篮追防练习的要求，每人左、右侧攻防练习各做2次，投中1个得1分。得分多者获胜

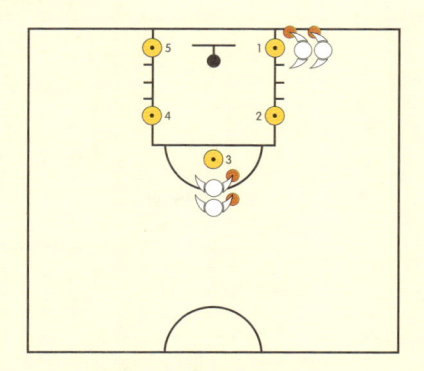

5点原地单手肩上投篮练习和比赛方法

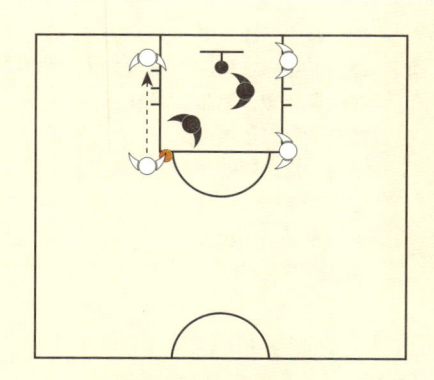

多打少投篮比赛方法

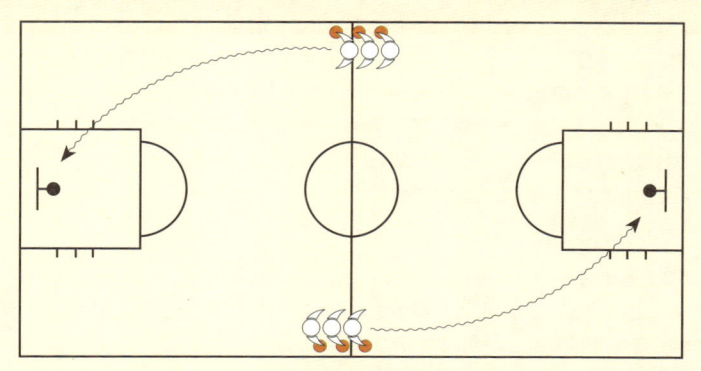

半场行进间高手投篮练习和比赛方法

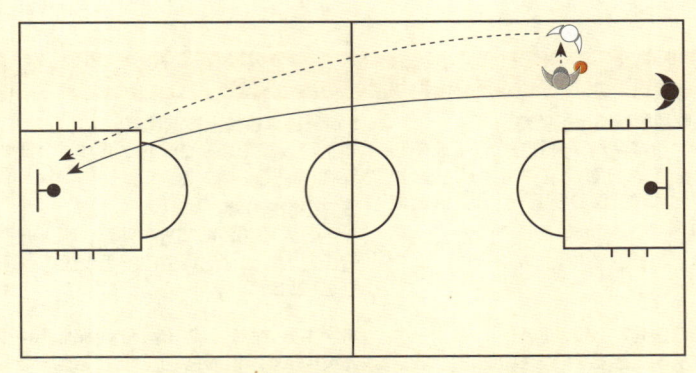

全场行进间高手投篮追防练习和比赛方法

（5）持球突破

技术	练习方法	比赛方法
交叉步持球突破	学生一路纵队站在1号标志桶后面，第一个学生无球侧身跑到2号标志桶前接同伴传球，然后做右手交叉步突破上篮，传完球的学生跑到3号标志桶前做左手交叉步突破上篮，以此类推	将学生分成两队，按照交叉步持球突破练习的要求，5分钟之内投中多的队获胜

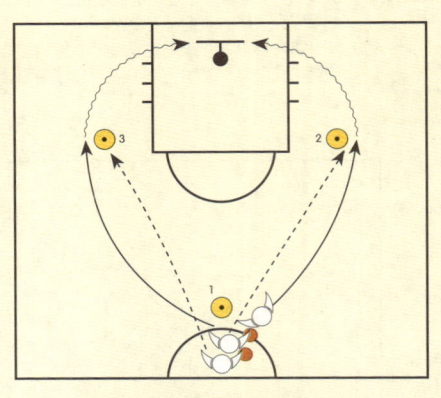

交叉步持球突破和比赛方法

（6）进攻战术基础配合

技术	练习方法	比赛方法
传切	**两人传切上篮练习** 将学生分成2队站在标志桶后面，第一个学生不拿球，其他学生每人一个球。第一个学生空切到篮下接第二个学生的传球上篮，第二个学生空切到篮下接第三个学生的传球上篮，以此类推	将学生分成两队，按照两人传切上篮训练的要求，5分钟之内投进多的队获胜
	3人传切上篮练习 将学生分成3人一组，学生1将球传给学生2，学生3空切到篮下接学生2的传球上篮。做一次轮换一次位置	将学生分成3人一组，按照3人传切上篮练习的要求，先投中3球的组获胜，左、右侧各比一次

84　小篮球教师指导手册

两人传切上篮练习和比赛方法 　　　　　3人传切上篮练习和比赛方法

（7）人盯人防守

技术	练习方法	比赛方法
一对一防守	将学生分成两人一组，从前场中圈附近开始做持球一对一。做一次攻守交换一次	将学生平均分成甲乙两队。甲队队长先派出本队1名进攻队员，乙队则根据对手情况派出相应的防守队员进行一对一比赛。防守抢断球或者抢到防守篮板球的得1分。以此类推，直到甲方所有队员进攻完毕后，双方攻守交换。得分多的队获胜
半场人盯人防守	将学生分成攻防两队，攻防各5人，球在不同位置时采用不同的防守选位	将学生分成甲乙两队，每队5人。按照半场人盯人防守选位练习的要求，进攻方原地相互传球10次，防守方暂不断球，防守方根据球的位置，及时调整防守位置。站错一次扣一分，扣分少的队获胜

一对一防守练习和比赛方法 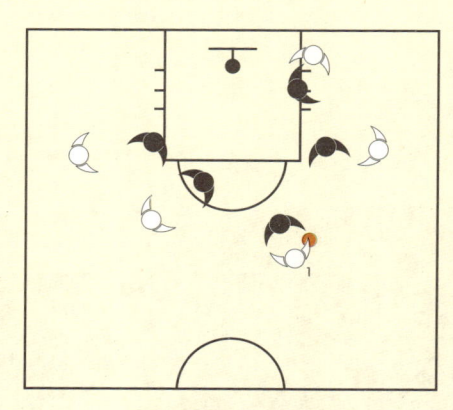　　　　　半场人盯人防守选位
（球在1号进攻队员手中）

第四章　基于比赛情境的小篮球技战术课堂教学

85

半场人盯人防守选位
（球在 2 号进攻队员手中）

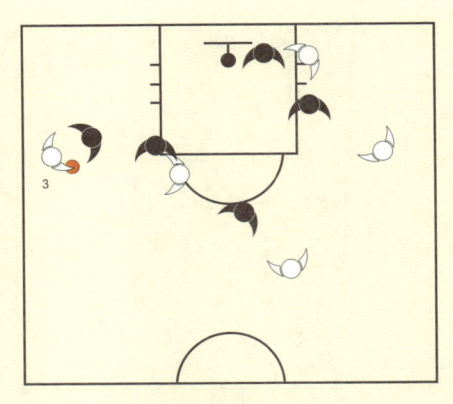

半场人盯人防守选位
（球在 3 号进攻队员手中）

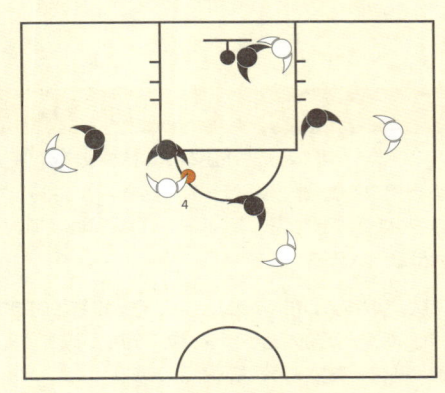

半场人盯人防守选位
（球在 4 号进攻队员手中）

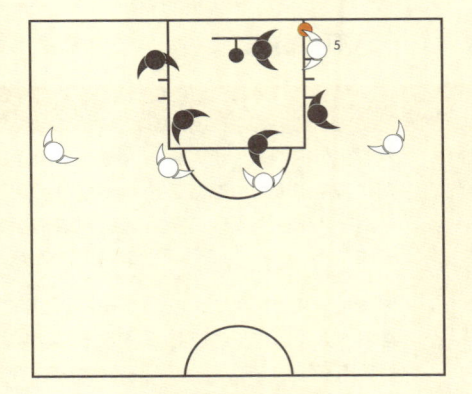

半场人盯人防守选位
（球在 5 号进攻队员手中）

第三节 基于比赛情境的小篮球技战术教学设计

在明确了基于比赛的小篮球技战术课堂教学流程，掌握了核心技战术在"教会""勤练""常赛"三个主要环节中的具体方法之后，接下来将以案例的形式展示每个年级的课堂教学设计。

一年级：双人配合的原地高、低运球学练和运球游戏

内容	双人配合的原地高、低运球学练
目标	**运动能力**：在学生初步掌握原地不同节奏高、低运球技术的基础上，通过与同伴间的协作练习，进一步提高学生对球的控制能力，发展速度、灵敏和身体的协调性。通过与同伴的合作，能够完成运球击掌和运球换物，感受篮球运动的魅力 **健康行为**：能够主动与同伴合作，并用积极的练习态度感染同伴，通过主动与同伴击掌、主动为同伴加油等方式，提升团队凝聚力；在练习出现失误时，能够不埋怨同伴，仍与同伴齐心协力完成练习 **体育品德**：在技术学练的过程中，能够积极练习，主动与同伴合作，完成目标；掌握和遵守篮球游戏的规则，在游戏中，能够正确对待胜负，能够主动与同伴交流
重难点	**重点**：双人配合完成击掌和接物动作 **难点**：迅速降低重心

第一环节　热身、专项准备活动（7分钟）

教学内容	教师活动	学生活动
1. 集合、整队、报数 2. 师生问好 3. 宣布本课内容 4. 安全教育 5. 安排见习生	1. 提前到上课地点，检查场地情况 2. 立正、面对学生 3. 清楚、简练介绍本节课学习内容 4. 重点提示 5. 根据情况，合理安排	1. 指定地点集合整队，报告人数 2. 目视体育教师，声音洪亮 3. 精神集中，听清内容 4. 服从教师安排，做适合的活动
1. 一般性准备活动 基本球性练习 2. 专项准备活动 原地不同节奏的高、低运球	1. 示范动作，提示动作的名称、方法要点，组织学生集体进行练习 2. 组织进行不同节奏的高、低运球练习 3. 教师小结	1. 跟随教师的示范进行模仿练习，体会动作的方法要点 2. 练习不同节奏的高、低运球练习

第二环节　学习活动（5分钟）

教学内容	教师活动	学生活动
1. 迅速降低重心的方法 2. 运球抬头观察的方法	1. 讲解并示范运球过程中如何迅速降低重心 2. 讲解并示范运球过程中如何抬头观察	1. 学习迅速降低重心的方法 2. 学习运球抬头观察的方法

续表

第三环节　练习活动（15分钟）		
教学内容	教师活动	学生活动
1. 一手原地运球，一手抓起放下标志桶，≥20次 **要点**：练习时，要让学生快速地把手里的标志桶放在地上，体会身体重心变化。练习时要注意左、右手兼顾 2. 两人一组，一手运球，另一手和同伴击掌，≥20次 **要点**：练习两人一组，一手运球，另一手和同伴击掌时，要教师（或者每周指派一名学生）统一发布口令，依据口令，观察同伴手掌位置，进行练习 3. 两人一组，一手运球，另一手接标志桶，≥20次	1. 讲解并示范一手原地运球，另一手抓起放下标志桶的动作方法，组织学生进行练习 **要点**：进行两人一组，一手运球，一手接标志桶练习时，要一直抬头观察同伴扔起的标志桶 2. 提示学生，迅速降低重心 3. 组织学生进行左手练习 4. 讲解并示范两人一组，一手运球，另一手和同伴击掌的动作方法 5. 组织学生进行练习，提示练习要点，巡视纠正、针对性辅导 6. 讲解并示范两人一组，一手运球，另一手接标志桶的动作方法 7. 组织学生进行练习，提示练习要点，巡视纠正、针对性辅导 8. 教师小结、评价	1. 体会并练习一手原地运球，另一手抓起放下标志桶动作。熟练后、右手动作互换 2. 体会并练习两人一组，一手运球，另一手和同伴击掌动作 3. 体会运球抬头观察的动作方法和重要性 4. 体会并练习两人一组，一手运球，另一手接标志桶动作

第四环节　比赛活动（10分钟）		
教学内容	教师活动	学生活动
游戏（比赛）：原地高、低运球接物比赛 **游戏方法（一）**： 原地高、低运球30秒，一手运球，另一手接标志桶，比一比哪组接到的标志桶多 **游戏方法（二）**： 完成一手运球，另一手接标志桶6次，比一比哪组用的时间短 **规则**： 1. 接标志桶出现失误时，可继续进行游戏，直至完成游戏任务 2. 两组成绩相同时，以失误少者获胜	1. 讲解游戏比赛的方法及规则 2. 组织学生以尝试练习、体会 3. 提示游戏方法的变化 4. 组织学生以进行比赛 5. 总结比赛结果、表扬激励	1. 认真听讲，理解游戏（比赛）的方法、规则 2. 尝试性体会游戏方法与要求 3. 进行更换游戏方法的比赛 4. 认真进行游戏（比赛），遵守游戏（比赛）的方法、规则、要求 5. 认真听讲

第五环节　放松（3分钟）		
教学内容	教师活动	学生活动
1. 集合、放松练习 2. 总结本课练习情况 3. 留作业、下课、收器材	1. 示范动作提示方法与要点，组织学生进行相应放松 2. 小结本课练习情况 3. 宣布下课	1. 跟随教师的示范模仿练习，在教师引导下放松 2. 认真听讲、回顾归纳 3. 师生再见

二年级：有防守的高、低运球学练和比赛

内容	有防守的高、低运球学练
目标	**运动能力**：能够说出高、低运球的动作要领。直线进行走动或跑动中的高、低运球练习，接急起急停中的高、低运球练习，根据掌握程度逐渐变换高、低运球难度≥10次。能够在运球接力比赛情境下按规则要求完成比赛。发展学生上下肢力量、速度、身体对抗性和协调性等身体素质 **健康行为**：能够积极主动参与练习，在合作练习中能够配合同伴完成练习项目，并给同伴适当的评价指导。在合作学习中出现失误时，能够及时调整心态，积极面对困难，找出解决方法，并能够激励同伴共同进步 **体育品德**：培养顽强拼搏、团结合作、勇于争胜、互帮互助的精神和遵守规则的意识，共同营造文明和谐的比赛环境
重难点	**重点**：高运球与低运球变换连贯 **难点**：手对球的控制；运球有节奏

第一环节　热身、专项准备活动（7分钟）

教学内容	教师活动	学生活动
1. 集合、整队、报数 2. 师生问好 3. 宣布本课内容 4. 安全教育 5. 安排见习生	1. 提前到上课地点 2. 立正，面对学生 3. 清楚、简练介绍本节课的学习内容 4. 根据情况，合理安排	1. 指定地点集合整队，报告人数 2. 目视体育教师，声音洪亮 3. 精神集中，听清内容 4. 服从教师安排，做适合的活动
1. 一般性准备活动 基本球性练习 2. 专项准备活动 （1）原地左、右手运球练习 （2）不同指令下的运球变换练习	1. 语言引导、示范动作，提示动作的名称、方法要点，组织学生集体进行练习 2. 讲解练习方法，组织学生进行学练，提示按拍球的部位 3. 教师小结	1. 跟随教师的示范进行模仿练习，体会动作的方法要点 2. 自主学练，复习拍球动作，提高动作的连贯性 3. 认真听讲、放松

第二环节　学习活动（5分钟）

教学内容	教师活动	学生活动
1. 高、低运球在比赛中应用要点 （1）高运球：用于无防守时。快速运球，反弹的高度在腰膝之间，按拍球的后上部，球的落点在身体侧前方 （2）低运球：用于防守队员逼近时。慢速运球，降重心，抬头前看，用上体和腿保护球，球反弹的高度在膝髋之间 2. 高、低运球的动作方法	1. 讲解高、低运球在比赛中应用时机，提示高、低运球要点 2. 引导学生归纳，说出高、低运球的要点 3. 讲解示范高、低运球的动作方法	1. 认真听讲，了解高、低运球在比赛中应用的时机，牢记高、低运球要点 2. 根据教师的引导，逐步归纳出高、低运球的要点 3. 认真观察教师的技术动作示范，建立概念

第三环节　练习活动（15分钟）

教学内容	教师活动	学生活动
1. 口令指导，组织学生集体进行原地左、右手高、低运球练习，≥40次 **要点**：体会高运球与低运球时重心的变化，培养抬头运球的习惯 2. 组织学生两人一组面对面站立，一人原地运球，另一人听教师口令后，迅速防守干扰练习，≥20次 **要点**：在防守干扰下，快速反应，做出护球动作	1. 讲解、提示左、右手高、低运球的动作方法，组织学练 2. 提示练习要点，巡视纠正，针对性进行指导，强调应用技术的时机 3. 示范防守的技术动作，讲解干扰下运球的要求，组织学生进行练习 4. 巡视纠正，强调练习的要求，提示运球人加强护球意识，强调防守动作	1. 理解练习的方法与要求，复习巩固原地运球动作 2. 练习过程中体会高、低运球的方法，掌握重心的变换 3. 理解练习的意图与方法，以小组为单位在要求下进行练习 4. 进一步体会高、低运球技术，加强自身的控球能力、巩固防守动作

第三环节　练习活动（15分钟）

教学内容	教师活动	学生活动
3. 口令指导，组织学生分组沿球场上的直线进行走动或跑动中的高、低运球练习，接急起急停中的高、低运球练习，根据掌握程度逐渐变换高、低运球难度，≥10次 **要点**：运球行进过程中，培养抬头运球的意识，巩固高、低运球重心变化的方法，提升高、低运球转换能力 4. 组织学生集体进行"大渔网"游戏 **要点**：巩固急停急起运球中，重心的高低变换，培养运球的躲闪能力	5. 示范沿球场上的直线进行走动及跑动中的高、低运球动作方法，提示要点 6. 组织学生以小组为单位进行练习，提示练习要点，巡视纠正、针对性辅导 7. 讲解"大渔网"游戏方法，组织学生集体进行游戏 8. 教师小结、评价	5. 建立行进中高、低运球的动作概念，理解应用技术的时机 6. 体会急起急停中高、低运球，提高运球能力，掌握高低重心变换 7. 体会防守下运球，巩固提高运球能力 8. 归纳、回顾要点

第四环节　比赛活动（10分钟）

教学内容	教师活动	学生活动
游戏（比赛）：迎面运球接力 **游戏方法**： 迎面运球接力（以小组为单位，完成全组接力用时最少的小组获胜） **规则**： 1. 前一名学生运球返回后，第二名学生方可运球行进 2. 用时最短、最快的组获胜 3. 运球过程中不得出现违例情况	1. 讲解迎面运球接力游戏（比赛）的方法及规则 2. 组织学生以小组为单位尝试练习、体会 3. 提示运球的要点 4. 组织学生以小组为单位进行迎面运球接力游戏（比赛） 5. 总结比赛结果、表扬激励 6. 师生共同评价	1. 认真听讲，理解游戏（比赛）的方法、规则 2. 尝试性体会游戏方法与要求 3. 熟悉巩固运球的方法 4. 遵守游戏（比赛）的方法、规则、要求 5. 认真听讲 6. 师生共同评价

第五环节　放松（3分钟）

教学内容	教师活动	学生活动
1. 集合、放松练习 2. 总结本课练习情况 3. 留作业、下课、收器材	1. 示范动作提示方法与要点，组织学生进行相应放松 2. 小结本课练习情况 3. 宣布下课	1. 跟随教师的示范模仿练习，在教师引导下放松 2. 认真听讲、回顾归纳 3. 师生再见

三年级：体前变向换手运球学练与应用

内容	体前变向换手运球学练
目标	**运动能力**：能够说出体前变向换手运球的动作要领。能够连续过两个距离4米的标志杆，每完成4次的成功次数≥2次。能够在有干扰动作进行防守的情况下，完成体前变向运球后加速运球≥15次。能够在运球上篮比赛情境下按规则要求完成比赛。发展学生上下肢力量、速度、身体对抗性和协调性等身体素质 **健康行为**：能够积极主动参与练习，在合作练习中能够配合同伴完成练习项目，并给予同伴适当的评价指导。在合作学习中出现失误时，能够及时调整心态，积极面对困难找出解决方法，并能够激励同伴共同进步 **体育品德**：培养顽强拼搏、团结合作、勇于争胜、互帮互助的精神和遵守规则的意识，共同营造文明和谐的比赛环境
重难点	**重点**：保持距离，变向换手，侧肩护球 **难点**：上下肢协调配合及手对球的控制支配能力

第一环节　热身、专项准备活动（7分钟）

教学内容	教师活动	学生活动
1. 集合、整队、报数 2. 师生问好 3. 宣布本课内容 4. 安排见习生	1. 提前到上课地点 2. 立正、面对学生 3. 清楚、简练介绍本节课的学习内容 4. 根据情况，合理安排	1. 指定地点集合整队，报告人数 2. 目视体育教师，声音洪亮 3. 精神集中，听清内容 4. 服从教师安排，做适合的活动
1. 准备活动 跑圈热身、徒手操练习 2. 专项准备活动 （1）原地体前变向换手运球 （2）行进间体前变向换手运球	1. 讲解路线、方法 2. 用哨声指挥练习 3. 带领学生熟悉球性	集中精神听从体育教师指挥，保质保量完成准备活动

第二环节　学习活动（5分钟）

教学内容	教师活动	学生活动
1. 讲解示范体前变向运球是在改变前进方向或突破防守队员时使用，尤其是突破时一定要保持与防守队员1.5米的距离 2. 讲解示范体前变向运球的动作方法	1. 讲解体前变向运球的应用时机，提示高、低运球要点 2. 引导学生归纳，说出体前变向运球的要点 3. 讲解示范体前变向换手运球动作	1. 认真观察教师体前变向换手运球动作示范 2. 跟随体育教师认真做徒手体前变向换手运球练习

第三环节　练习活动（15分钟）

教学内容	教师活动	学生活动
1. 标志桶前练习体前变向换手运球 **要点**：注意与标志桶的距离；强调变向换手，侧肩护球 2. 全场直线运球+体前变向运球练习 **要点**：直线运球加速，遇到标志桶做体前变向运球 3. 全场多个标志桶摆成Z字形，在每个桶前做体前变向换手运球 **要点**：注意与标志桶的距离；强调变向要降重心，侧肩护球 4. 全场两人一组练习体前变向运球，防守队员消极防守	1. 教师巡视个别指导与集体纠错相结合 2. 组织学生直线运球和体前变向运球的练习，强调直线运球加速，遇到标志桶提前做好变向准备 3. 组织学生过多个障碍做体前变向换手运球并指导纠错 4. 组织学生两人一组进行模拟对抗练习。提示运球应用时机，要求防守队员保持合法位置，不要上手打球	1. 练习行进间体前变向换手运球 **要求**：注意力要集中，倾听、观察、思考，理解动作要领并实践练习 2. 按照教师要求练习 3. 认真按照教师要求进行积极练习，体会连续变向时对球和身体的控制 4. 体会有防守队员的情况下使用体前变向运球的时机，注意抬头

第四章　基于比赛情境的小篮球技战术课堂教学

续表

第三环节　练习活动（15分钟）		
教学内容	教师活动	学生活动
要点：防守队员消极防守，利用防守脚步始终在进攻队员前面。进攻队员利用变向运球突破防守队员		

第四环节　比赛活动（10分钟）		
教学内容	教师活动	学生活动
游戏（比赛）：运球上篮比赛 **游戏方法**：全场内，将学生分成两组，分别站在两侧端线后，每组第1人运球绕过障碍到对侧上篮，之后运球返回上篮。两次均无补篮 **规则**： 1. 投中得2分，不中不补篮 2. 必须运球交给下一位队友，不允许长传球 3. 看最后哪组得分多	1. 讲解游戏方法和规则 2. 组织学生游戏，当好裁判员 3. 总结比赛结果、表扬激励 4. 师生共同评价	1. 认真听讲，理解游戏（比赛）的方法、规则 2. 尝试性体会游戏方法与要求 3. 在比赛中，进一步熟悉行进间体前变向换手运球动作技术 4. 认真进行游戏（比赛），遵守游戏（比赛）的方法、规则、要求 5. 师生共同评价

第五环节　放松（3分钟）		
教学内容	教师活动	学生活动
1. 集合、放松练习 2. 总结本课练习情况 3. 留作业、下课，收器材	1. 示范动作提示方法与要点，组织学生进行相应放松 2. 小结本课练习情况 3. 宣布下课	1. 跟随教师的示范模仿练习，在教师引导下放松 2. 认真听讲，回顾归纳 3. 师生再见

四年级：体前变向运球接加速运球的学练与应用

内容	体前变向运球及变向后的加速运球
目标	**运动能力**：能够说出1~2个体前变向运球的动作要领。能够连续过两个距离4米的标志杆，每完成5次的成功次数≥3次。能够在有干扰动作进行防守的情况下，完成体前变向运球后加速运球≥20次。能够在运球障碍比赛情境下按规则要求完成比赛。发展学生上下肢力量、速度、身体对抗性和协调性等身体素质 **健康行为**：能够积极主动参与练习，在合作练习中能够配合同伴完成练习项目，并给予同伴适当的评价指导。在合作学习中出现失误时，能够及时调整心态，积极面对困难找出解决方法，并能够激励同伴共同进步 **体育品德**：培养顽强拼搏、团结合作、勇于争胜、互帮互助的精神和遵守规则的意识，共同营造文明和谐的比赛环境
重难点	**重点**：跨步、转体、前倾、探肩动作 **难点**：运球与身体动作协调配合

第一环节 热身、专项准备活动（7分钟）

教学内容	教师活动	学生活动
1. 集合、整队、报数 2. 师生问好 3. 宣布本课内容 4. 安排见习生	1. 检查列队常规，用良好的精神面貌感染学生 2. 宣布本课内容及注意事项 3. 根据情况，合理安排	1. 指定地点集合整队，报告人数 2. 目视体育教师，声音洪亮 3. 服从教师安排，做适合的活动
1. 一般性准备活动 行进间篮球操 2. 专项准备活动 （1）原地高、低运球和V字形运球 （2）三环运球	1. 语言引导、示范动作，提示动作的名称、方法要点，组织学生集体进行练习 2. 示范V字形运球动作，讲解练习方法，组织学生进行练习，提示动作要点	1. 跟随教师的示范进行模仿练习，体会动作的方法要点 2. 建立初步动作概念，体会手触球位置

第二环节 学习活动（5分钟）

教学内容	教师活动	学生活动
1. 行进间体前变向运球在比赛中应用要点：此技术主要应用在运球过人中，当距离防守队员1.5米左右时，使用该技术动作 2. 行进间体前变向运球后加速运球	1. 教师示范动作并利用视频讲解动作方法，教授口诀 2. 引导学生归纳出传球时的要点和接球时的要点 3. 组织学生两人一组做原地跨步、转体、前倾、探肩动作	1. 认真观看教师讲解和示范，直观感受比赛情境下行进间体前变向运球的使用，体会动作在比赛中的作用 2. 根据教师的引导，逐步归纳出行进间体前变向运球的应用要点 3. 认真练习原地体前换手

第三环节 练习活动（15分钟）

教学内容	教师活动	学生活动
1. 两人一组，行进间运球3米，过一个标志杆，≥10次 **要点**：在模拟防守的情况下，完成体前变向运球的动作，并知道在距防守队员一臂距离时，采用该技术 2. 两人一组，连续过2个距离4米的标志杆后加速运球前进，≥10次	1. 教师示范并组织两人一组将运球和身体动作结合在一起的过一个标志杆练习 2. 巡视纠正，强调跨步、转体、探肩动作 3. 示范底线运球连续过两个距离4米的标志杆后加速运球技术动作	1. 清楚练习的方法与要求，与同伴结合，轮流进行练习 2. 练习行进间体前变向运球的技术，掌握变向的距离与时机 3. 进一步体会体前变向运球技术，加强跨步换手运球的能力 4. 建立连续行进间体前变向运球以及变向后加速运球的动作概念

第三环节 练习活动（15分钟）

教学内容	教师活动	学生活动
要点：在通过第一个标志杆后加速运球到第二个标志杆，注意距离，要降低重心，跨步、探肩 3. 3人一组，距离4米。两个固定人做干扰动作进行防守，≥20次 **要点**：防守队员固定位置左右移动不超1米，挥动手臂干扰进攻。进攻队员根据防守队员的位置与干扰动作选择变向换手运球的时机	4.组织学生以小组为单位进行练习，提示练习要点，巡视纠正，针对性进行指导，强调应用技术的时机 5.示范讲解有固定防守队员做干扰情况下变向换手的动作方法。组织学生3人一组运球过固定防守队员 6.组织以小组为单位展示 7.教师小结、评价	5.强化体前变向运球的动作方法，在有固定人防守干扰情况下利用体前变向换手运球技术 6.进一步巩固所学技术 7.归纳、回顾要点

第四环节 比赛活动（10分钟）

教学内容	教师活动	学生活动
游戏（比赛）：运球接力赛 **游戏方法**： 分成两队站在底线，蛇形穿过3个相邻4米标志杆后直线运球返回，并传球给队友，最先完成的组获胜 **规则**： 1. 哨声响起比赛开始并计时 2. 每人一球，第一名队员返回过线后，第二名队员出发 3. 运球中出现违例罚时2秒 4. 比赛采用三局两胜或五局三胜制	1.讲解运球接力赛的方法及规则 2.组织学生以小组为单位尝试练习、体会 3.提示过障碍尽量使用体前变向运球 4.组织学生以小组为单位进行游戏（比赛） 5.总结比赛结果、表扬激励 6.师生共同评价	1.认真听讲，理解游戏（比赛）的方法、规则 2.尝试性体会游戏方法与要求 3.在比赛中，进一步熟悉体前变向运球的方法 4.认真进行游戏（比赛），遵守游戏（比赛）的方法、规则、要求 5.认真听讲 6.师生共同评价

第五环节 放松（3分钟）

教学内容	教师活动	学生活动
1. 集合、放松练习 2. 总结本课练习情况 3. 师生再见并收器材	1.示范动作拉伸与深呼吸的配合动作，组织学生进行模仿放松练习 2.小结本课练习情况 3.宣布下课	1.跟随教师的示范模仿练习，在教师引导下放松 2.认真听讲、回顾归纳 3.师生再见

五年级：单手体侧传球和跨步急停接球学练与应用

内容	单手体侧传球和跨步急停接球学练
目标	**运动能力**：知道单手体侧传球动作方法及根据防守队员位置选择正确传球动作方法的意识，能够说出单手体侧传球和跨步急停接球的工作方法及应用的时机。3人一组，在消极防守下，传球队员根据防守队员的位置选择传球方法，接球队员移动，并与传球队员相呼应，拉开传球角度，跨步急停接球≥20次。发展学生上下肢力量、速度、身体对抗性和协调性等身体素质 **健康行为**：能够积极主动参与练习，在合作练习中能够配合同伴完成练习项目，并给予同伴适当的评价指导。在合作学习中出现失误时，能够及时调整心态，积极面对困难找出解决方法，并能够激励同伴共同进步 **体育品德**：培养顽强拼搏、团结合作、勇于争胜、互帮互助的精神和遵守规则的意识，共同营造文明和谐的比赛环境
重难点	**重点**：跨一步传球的动作方法；跨步急停与接球的衔接 **难点**：根据防守队员动作与位置选择哪一侧传球；传接球之间的相互呼应

第一环节 热身、专项准备活动（7分钟）

教学内容	教师活动	学生活动
1. 集合、整队、报数 2. 师生问好 3. 宣布本课内容 4. 安排见习生	1. 提前到上课地点 2. 立正，面对学生 3. 清楚、简练介绍本节课学习内容 4. 根据情况，合理安排	1. 指定地点集合整队，报告人数 2. 目视体育教师，声音洪亮 3. 精神集中，听清内容 4. 服从教师安排，做适合的活动
1. 一般性准备活动 基本球性练习 2. 专项准备活动 （1）行进间跨步急停脚步练习 （2）跨步急停（反应练习）	1. 语言引导、示范动作，提示动作的名称、方法要点，组织学生集体进行练习 2. 示范跨步急停的脚步动作，讲解练习方法，组织学生进行学练，提示跨步急停动作要点 3. 教师小结	1. 跟随教师的示范进行模仿练习，体会动作的方法要点 2. 建立动作的概念，以小组为单位轮转进行学练体会，提高动作的连贯性 3. 认真听讲、放松

第二环节 学习活动（5分钟）

教学内容	教师活动	学生活动
1. 单手体侧传球和跨步急停接球在比赛中应用要点 （1）传球：与防守队员一臂距离，其身体两侧有防守漏洞；右侧手传球，左脚向右前方跨出，用身体和手臂保护球 （2）接球：观察接球角度，呼应或联系；要移动，先跨步急停后再接球 2. 单手体侧传球和跨步急停接球动作方法	1. 讲解示范单手体侧传球和跨步急停接球应用的要点 2. 引导学生归纳出传球时的要点和接球时的要点 3. 讲解示范单手体侧传球和跨步急停接球动作方法	1. 认真观看教师讲解和示范，直观感受比赛情境下单手体侧传球和跨步急停接球的使用，体会动作在比赛中的作用 2. 根据教师的引导，逐步归纳出单手体侧传球和跨步急停接球的应用要点 3. 认真观察教师的技术动作示范，了解动作关键环节

第三环节 练习活动（15分钟）

教学内容	教师活动	学生活动
1. 3人一组，两人传球，一人原地不动进行防守，做单手体侧传球练习，≥40次	1. 讲解3人一组模拟防守下的单手体侧传球的方法，组织学生以小组为单位进行练习	1. 理解练习的方法与要求，与同伴结合，轮流进行传球与防守角色的互换

第四章 基于比赛情境的小篮球技战术课堂教学

续表

第三环节　练习活动（15分钟）

教学内容	教师活动	学生活动
要点：在模拟防守的情况下，完成单手体侧传球的动作方法，并知道在与防守队员一臂距离时，采用该技术 2. 3人一组，两人传球、一人消极防守下的实际应用练习，≥40次 **要点**：在防守队员慢速移动或者挥动手臂干扰传球时，选择时机进行单手体侧传球，接球队员可移动位置，并与传球队员呼应，随时准备接球 3. 3人一组，消极防守下，传球队员根据防守队员位置选择传球方法，接球队员移动，并与传球队员相呼应，拉开传球角度，跨步急停接球，≥20次 **要点**：防守队员慢速移动或挥动手臂干扰传球，传球队员根据防守队员位置和姿势选择传球方法，接球队员主动拉开角度	2. 提示练习要点，巡视纠正，针对性进行指导，强调应用技术的时机 3. 示范防守的技术动作，讲解消极防守下传球方法及要求，组织学生进行练习 4. 巡视纠正，强调练习的要求，提示接球人加强移动接球的意识，强调防守动作 5. 示范跨步急停接球的动作，讲解跨步急停接球的动作方法及应用时机 6. 组织学生以小组为单位进行练习，提示练习要点，巡视纠正、针对性辅导 7. 组织以小组为单位展示 8. 教师小结、评价	2. 练习过程中体会单手体侧传球的技术，掌握传球的时机 3. 理解练习的意图与方法，以小组为单位在要求下进行练习 4. 进一步体会体侧传球技术，加强自身在移动中传接球的能力，巩固移动中的防守动作 5. 建立跨步急停接球的动作概念，理解应用技术的时机 6. 强化体侧传球动作的方法，在防守下利用跨步急停接球技术接球 7. 进一步巩固所学技术 8. 归纳、回顾要点

第四环节　比赛活动（10分钟）

教学内容	教师活动	学生活动
游戏（比赛）：传球比多 **游戏方法**： 1. 3人一组，两组间进行对抗。 2. 一组出两人传球，另一组出一人防守 **规则**： 1. 以5分钟内传球次数多的队获胜 2. 进攻队员可以移动 3. 传球失误或者被防守队员抢截，不累计次数	1. 讲解传球比多游戏（比赛）的方法及规则 2. 组织学生以小组为单位尝试练习、体会 3. 提示传球、移动接球的要点及防守的强度变化 4. 组织学生以小组为单位进行5分钟传球比多游戏（比赛） 5. 总结比赛结果、表扬激励 6. 师生共同评价	1. 认真听讲，理解游戏（比赛）的方法、规则 2. 尝试性体会游戏方法与要求 3. 在比赛中，进一步熟悉传球及防守的方法 4. 认真进行游戏（比赛），遵守游戏（比赛）的方法、规则、要求 5. 认真听讲 6. 师生共同评价

第五环节　放松（3分钟）

教学内容	教师活动	学生活动
1. 集合、放松练习 2. 总结本课练习情况 3. 留作业、下课、收器材	1. 示范动作提示方法与要点，组织学生进行相应放松 2. 小结本课练习情况 3. 宣布下课	1. 跟随教师的示范模仿练习，在教师引导下放松 2. 认真听讲、回顾归纳 3. 师生再见

六年级：行进间高手投篮学练与应用

内容	行进间高手投篮
目标	**运动能力**：知道行进间高手投篮的动作方法及根据防守队员位置选择正确投篮动作方法的意识。基本掌握行进间高手投篮对动作方法并能在消极防守情况下正确运用；本节课重点发展学生协调、速度等身体素质。在无人防守的情况下做行进间高手投篮，每5次的成功次数≥3次。在消极防守的情况下做行进间高手投篮，每5次的成功次数≥2次。能在三对三比赛中合理运用行进间高手投篮 **健康行为**：课后学生能主动参与篮球运动，并能经常有合理运用行进间高手投篮技术，能够向朋友或家人展示此技术。能利用所学篮球知识与规则指导他人。在比赛中，能够合理运用行进间高手投篮。在运动中具有较强的安全意识和放松意识 **体育品德**：在行进间高手投篮练习过程中，强化目标达成意识和拼搏精神，增强应对压力的能力；在比赛中，培养学生不服输的体育精神，树立尊重对手、服从裁判员、尊重教练员的体育道德观；在训练和比赛中，能够自尊自信、顽强拼搏、积极进取、团结队友；能树立正确的胜负观
重难点	**重点**：运球步法与拿球的衔接 **难点**：脚步与投篮动作的协调配合

第一环节 热身、专项准备活动（7分钟）

教学内容	教师活动	学生活动
1. 集合、整队、报数 2. 师生问好 3. 宣布本课内容 4. 安排见习生	1. 提前到上课地点 2. 立正，面对学生 3. 清楚、简练介绍本节课的学习内容 4. 根据情况，合理安排	1. 指定地点集合整队，报告人数 2. 目视体育教师，声音洪亮 3. 精神集中，听清内容 4. 服从教师安排，做适合的活动
1. 一般性准备活动 移动篮球操，球性练习 2. 专项准备活动 （1）行进间单脚跳跃练习 （2）行进间抛球练习	1. 语言引导、示范动作，提示动作的名称、方法、要点，组织学生集体进行练习 2. 示范球行进间抛球的脚步动作，讲解练习方法，组织学生进行学练，提示动作要点 3. 教师小结	1. 跟随教师的示范进行模仿练习，体会动作的方法要点 2. 建立动作的概念，以小组为单位轮转进行学练体会，提高动作的连贯性 3. 认真听讲，放松

第二环节 学习活动（5分钟）

教学内容	教师活动	学生活动
行进间高手投篮在比赛中的应用要点： 以右手投篮为例，右脚向前跨出时接球，接着迅速上左脚起跳，右腿屈膝上抬，同时举球至头右侧，腾空后，上体稍后仰，当身体跳到最高点时，右臂伸直，用手腕前屈和手指力量将球投出 一跨大步拿球牢，二跨小步用力跳，三要翻腕托球举球高，四要指腕柔和用力巧	1. 讲解示范行进间高手投篮应用的要点 2. 引导学生归纳出行进间高手投篮的要点 3. 讲解示范行进间高手投篮动作方法	1. 认真观看教师讲解和示范，直观感受比赛情境下行进间高手投篮的使用，体会动作在比赛中的作用 2. 根据教师的引导，逐步归纳出行进间高手投篮的应用要点 3. 认真观察教师的技术动作示范，了解动作关键环节

第三环节 练习活动（15分钟）

教学内容	教师活动	学生活动
1. 每人一球，练习上一步持球触碰悬挂物，≥20次 **要点**：在模拟防守的情况下，完成上一步持球高举的动作方法，并知道正确的方法，提示提膝动作	1. 讲解模拟防守下的上一步持球触碰悬挂物的方法，组织学生以小组为单位进行练习 2. 提示练习要点，巡视纠正，针对性进行指导，强调应用技术的时机	1. 理解练习的方法与要求 2. 练习过程中体会单手体侧传球的技术，掌握传球的时机 3. 理解练习的意图与方法，以小组为单位在要求下进行练习

续表

	第三环节　练习活动（15 分钟）	
教学内容	教师活动	学生活动
2. 每人一球，上两步进行高手投篮练习，≥30 次 **要点**：提示一步大，二步小 3. 一定距离的运球练习行进间高手投篮，≥20 次 **要点**：提示持球时机，一步大、二步小、三高跳 4. 每人一球，在消极防守的情况下全场运球高手投篮 **要点**：提示运球跑动速度、持球时机，一步大、二步小、三高跳。鼓励学生争取将球投进	3. 示范上两步进行高手投篮的技术动作，分组练习 4. 巡视纠正，强调练习的要求 5. 示范一定距离的行进间投篮的练习 6. 组织学生以小组为单位进行练习，提示练习要点，巡视纠正、针对性辅导 7. 组织以小组为单位展示 8. 教师小结、评价	4. 进一步练习行进间高手投篮技术，加强自身在运球能力、巩固行进间投篮动作稳定性 5. 建立完整的行进间高手投篮的动作概念，理解应用技术的时机 6. 强化行进间高手投篮动作的方法，在防守下做行进间高手投篮 7. 进一步巩固所学技术 8. 归纳、回顾要点

	第四环节　比赛活动（10 分钟）	
教学内容	教师活动	学生活动
游戏（比赛）：三对三 游戏方法： 3 人一组，两组间进行对抗比赛 规则： 小篮球规则，高手投篮得分翻倍	1. 讲解三对三游戏（比赛）的方法及规则 2. 组织学生以小组为单位尝试练习、体会 3. 提示行进间高手投篮的要点 4. 组织学生以小组为单位进行 5 分钟比赛。 5. 总结比赛结果、表扬激励 6. 师生共同评价	1. 认真听讲，理解游戏（比赛）的方法、规则 2. 尝试性体会比赛方法与要求 3. 在比赛中，进一步熟悉行进间高手投篮的方法 4. 认真进行游戏（比赛），遵守游戏（比赛）的方法、规则、要求 5. 认真听讲 6. 师生共同评价

	第五环节　放松（3 分钟）	
教学内容	教师活动	学生活动
1. 集合、放松练习 2. 总结本课练习情况 3. 留作业、下课，收器材	1. 示范动作提示方法与要点，组织学生进行相应放松 2. 小结本课练习情况 3. 宣布下课	1. 跟随教师的示范模仿练习，在教师引导下放松 2. 认真听讲、回顾归纳 3. 师生再见

第五章 小篮球教学游戏的分类与设计

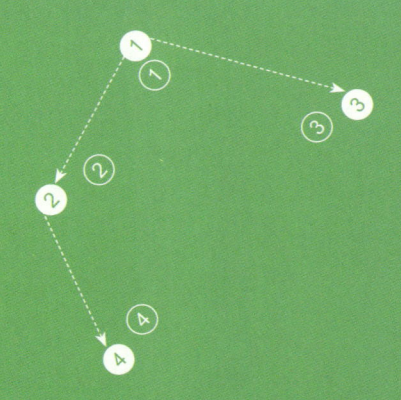

小篮球运动的起源、发展和演变其实就是一个运动游戏的演变过程。我们这里所说的"小篮球教学游戏"实质上是在学校小篮球教学中的一种具体的练习手段和方法，或者说是小篮球教学的一种辅助教学方法。它是把小篮球运动的基本技战术以及身体素质练习等教学内容，按一定的目的、要求和特定的规则组织起来的，以使学生掌握小篮球技战术为最终目的的特殊练习形式。它既不同于竞技体育的小篮球训练，也有别于大众体育的趣味、娱乐游戏，而是带有较强的篮球专项特点的练习方法。小学小篮球教学的内容简单，对运动技能的规范性要求较低，很多的时候需要采用游戏的形式来进行。在教学中合理地安排小篮球教学游戏，可以避免学生出现因练习的难度较低、形式单调而产生的消极心理。同时，也可以促使课堂气氛变得活跃起来。此外，这还有助于培养学生的创新能力。学生可以通过对小篮球游戏的分析、整合和改编，使自己对技战术的练习方法有更深入的了解，从而对小篮球运动的学习产生更加浓厚的兴趣，把小篮球运动作为锻炼身体的手段，起到"终身体育"的作用。本章中的小篮球场地图为示意图，为方便阅读有变形。

| 运球类 | **移动风火轮** |

目标：提高学生的拍运球能力；发展学生的身体协调能力；锻炼学生的反应能力和起动加速能力。

准备：学生2人　10分钟　小篮球2个

方法：学生两人一组，各持一个小篮球。游戏开始，两人同时进行原地运球，听到教师指令后，迅速向前徒手跑动至对方位置，继续运球，重复循环上述动作。

要领：1. 拍运球动作要规范，跑动前的最后一次运球避免用力过大或者使球有方向上的偏差。
2. 注意力集中，换位时，衔接拍运球动作要流畅。
3. 游戏过程中要注意安全，在迅速拍运球的一瞬间避免戳手。

规则：1. 听到教师指令后，再进行换位，不能提前开始。
2. 换位时，最后一次运球要规范，使小篮球保持垂直向上弹起。

拓展：可根据学生技能的实际掌握情况，增加为三人三角站位或四人四角站位，也可多人圆形站位进行拓展练习。

| 运球类 | "章鱼"破坏球 |

目标： 提高学生的控制球能力及躲闪能力；发展学生的上下肢力量和身体协调性；培养学生的应变能力。

准备： 学生 10~16 人　　10 分钟　　小篮球 5~8 个

方法： 将学生等分为两组，一组学生持小篮球，另一组学生双手双脚支撑地面并保持腹部向上姿势协调行进，意为"章鱼"。游戏开始，"章鱼"挥舞他们的"触角"（手和脚）去干扰正在运球的学生。运球学生在章鱼之间自由穿梭，防止被章鱼破坏正常运球。

要领： 1. 学生运球时要注意伺机而动，遇到"章鱼"时提前判断并迅速作出下一步运球路线的规划。
2. "章鱼"的四肢要协调用力，在移动中可以通过多变的移动意图来干扰运球学生的判断。
3. 游戏过程中，注意安全，避免受伤。

规则： 1. 不能出现带球走或两次运球等违例行为。
2. 丢球或被"章鱼"触碰，角色变为"章鱼"。
3. 在规定时间内，场地中运球学生多的一方为获胜组。

拓展： 可根据学生技能的实际掌握情况，缩小游戏场地，增加运球的难度。

| 运球类 | 穿越"老虎林" |

目标：提高学生移动控球的能力；发展学生的上下肢协调能力及节奏感知能力；培养学生的随机应变能力。

准备：学生若干　　15分钟　　小篮球若干

方法：学生每人持一个小篮球位于端线处，由一名学生担任"老虎"角色自由活动于场地内。游戏开始，听到教师指令后，持球学生快速运球通过"老虎林"至对面端线，若在通过时被"老虎"抓到，则需要双脚跳跃继续运球，游戏持续进行，直至所有学生被"老虎"抓到。

要领：1. 运球学生要善于观察、提前判断"老虎"位置，快速运球通过"老虎林"。
2. "老虎"要采取出其不意、声东击西的策略抓住试图通过的学生。
3. 在游戏过程中注意安全，避免受伤，被抓到的学生在跳跃时要注意身体的缓冲落地。

规则：1. 运球冲过端线后，"老虎"停止抓捕。
2. 被抓到的学生采取双脚跳跃的方式运球直至游戏结束。
3. "老虎"只能用手触拍对方身体，避免有推、打等犯规动作，否则视为无效。
4. 最后一名被抓到的学生担任"老虎"角色。

拓展：可根据学生技能的实际掌握情况，将"老虎"的角色变为两人，增加游戏难度。

运球类 　**运球"破坏王"**

目标： 提高学生的控制球、支配球和保护球的能力；发展学生的手眼协调能力；培养学生抬头运球的习惯。

准备： 学生若干　　10分钟　　小篮球若干

方法： 学生随机分散于半场（或三分线）内，每人持一个小篮球。游戏开始，学生在规定区域内自由运球，同时采用非运球手伺机触碰其他学生的膝关节。凡是触碰到其他学生膝关节且没有中断运球的得1分。在规定时间内得分多者获胜。

要领： 1. 运球过程中学生要善于观察其他人的位置，提前判断，果断出击。
2. 采取合理的躲闪动作避免被其他人触碰。
3. 若游戏中出现对抗状态，要注意安全，避免受伤。

规则： 1. 触碰其他学生膝关节时运球避免中断。
2. 须在规定区域内进行游戏，若出界，则视为自动退出比赛。
3. 游戏过程中，不得出现带球走或两次运球等违例行为。

拓展： 可根据学生技能的实际掌握情况，由触碰膝关节改为运球的同时破坏对方的球。

| 运球类 | **拍打运球** |

目标：提高学生的原地拍运球能力；发展学生的空间感知能力；培养学生战胜困难的勇气和信心。

准备： 👤 学生若干　🕐 10分钟　📦 小篮球若干 + 敏捷圈若干

方法：学生两人一组，面对面站立，将敏捷圈放置两人中间。游戏开始，一名学生双手持球，将球垂直下落至敏捷圈内，另一名学生在球落地一次后进行运球，运球落点同样在敏捷圈内，两人比赛，运球数量多者获胜。

要领：1. 游戏时要注意力集中，小篮球落地反弹过程中要选准时机流畅衔接拍运球的动作。
2. 拍运球动作要规范，对于小篮球的着地点要通过手指手腕在方向上的控制使其落在敏捷圈内。

规则：1. 双手持球学生将球垂直自然下落，避免有向上抛的动作。
2. 拍运球时丢球或触碰到敏捷圈则视为失误。

拓展：可根据学生技能的实际掌握情况增加难度，让拍运球学生背对持球学生，在听到球下落击地声音后迅速做出反应，立即转身进行运球。

| 运球类 | **抢夺阵地** |

目标：提高学生快速移动运球的能力；培养学生遵守规则的意识。

准备：👤 学生若干　🕐 10 分钟　🏀 小篮球若干 + 标志桶若干

方法：学生两人一组，面对面站立，中间放置一个大标志桶和两个小标志桶。游戏开始，学生原地运球，听到教师指令后，迅速拿起小标志桶倒退运球至边线处，用脚踩线后正面直线运球返回，将小标志桶放置在大标志桶上方。先完成的学生得 1 分，得分多者获胜。

要领：1. 听到教师指令后，迅速做出正确的拍运球动作，要求运球速度快，身体重心降低。
2. 在倒退运球过程中要及时调整身体重心，避免重心不稳而摔倒。
3. 运球倒退至指定位置后制动和起动动作要衔接流畅。

规则：1. 游戏时，要求学生的脚踩到线，否则成绩视为无效。
2. 拿起标志桶后须倒退运球至边线，不得出现转身向前的动作。
3. 游戏共进行 5 次，得分多者获胜。

拓展：可根据学生技能的实际掌握情况，到达边线处做背后运球或胯下运球等技术动作，从而增加游戏难度。

| 运球类 | 保卫"雪糕桶" |

目标： 提高学生的控制球能力、反应能力和空间判断能力；发展学生的手眼协调配合能力；培养学生的专注力。

准备： 学生若干　　10分钟　　小篮球若干 + 标志桶若干

方法： 学生两人一组，面对面站立，中间放置一个标志桶。游戏开始，一名学生做低运球，非运球手位于标志桶附近(但不能触碰)；另一名学生双手持球，在标志桶上方松开，使球垂直下落。运球学生须在球接触到标志桶前迅速将标志桶拿起。

要领： 1. 运球时身体重心降低，节奏感清晰，不要被拿标志桶的动作所干扰。
2. 要注视小篮球离开手的瞬间，迅速做出反应拿起标志桶，同时保持运球的流畅性。
3. 游戏过程中要注意安全，避免戳手。

规则： 1. 小篮球没有离开持球学生的双手前，运球学生不得触碰标志桶。
2. 游戏时，运球学生须持续运球，若运球中断拿起标志桶则视为无效。

拓展： 可根据学生技能的实际掌握情况，逐渐将小篮球下落距离缩短。

| 运球类 | **气球接力** |

目标：提高学生的移动控制球能力；发展学生的身体协调能力及手眼配合能力；培养学生的观察能力和团队合作意识。

准备：👤 学生 3 人　🕐 10 分钟　🗂 小篮球 3 个 + 标志桶 2 个 + 气球 1 个

方法：学生 3 人各持一个小篮球，将标志桶摆放在指定位置，其中两人面对面站于标志桶后，另 1 人站于标志桶中间，非持球手拿气球。游戏开始，听到教师指令后，3 人开始运球，中间学生运球的同时另一只手将气球向上托起使其飘浮在空中，并运球至对面标志桶处，与同伴击掌，同伴迅速运球至中间位置继续将空中正在下降的气球向上托起后，至对面与另一同伴击掌，循环重复上述动作。

要领：1. 学生要集中注意力，拍运球的同时注意观察气球下落的位置。
2. 和同伴做出击掌后，迅速运球到达气球的位置，并进行调整，使其飘浮在运球路线上。
3. 将气球托起和与同伴击掌的过程中要保持运球的连续性。

规则：1. 在游戏过程中须持续运球。
2. 要将气球向上轻轻托起，不得拍打。
3. 须与同伴击掌后再到达中间位置将气球托起。

拓展：可根据学生技能的实际掌握情况逐渐扩大标志桶之间的距离，从而增加游戏难度。

传球类 **圆圈之战**

目标：提高学生的传接球能力和传球准确性；发展学生的上下肢力量；培养学生的空间判断能力。

准备：学生 6~8 人　　15 分钟　　小篮球 3~4 个

方法：学生两人一组，三或四组学生围绕篮球场中圈位置站好，同组的两名学生相对而站。游戏开始，听到教师指令后，学生立即开始各种方式的传接球（例如双手胸前传球、击地反弹传球、双手头上传球等），先完成传接球 30 次的组获胜。

要领：1. 要求学生传球动作标准、规范。
2. 传球时注意观察、判断其他学生所处的传球位置和接球方向，迅速做出正确的传球方式。
3. 提前做好接球的准备姿势，接球与传球动作的衔接要流畅。

规则：1. 游戏过程中，两球相撞，应当立即将球捡回并继续游戏。
2. 传球个数要求学生大声喊出来，可累计。

拓展：可根据学生技能的实际掌握情况，扩大或缩小传接球的距离。

传球类　"三英战吕布"

目标： 提高学生的传接球能力、动作速率和无球跑动能力；增强学生的防守抢断能力和预判能力；发展学生的身体素质。

准备： 学生 4 人　　10 分钟　　小篮球 1 个 + 标志桶 4 个

方法： 学生 4 人一组，3 人为传球人，1 人为防守人。将 4 个标志桶摆放成一个边长约为 4 米的正方形，3 名传球人每人站在一个标志桶后，1 名防守人站在中间位置准备防守。游戏开始，1 名传球人持小篮球开始传球，其他传球人时刻做好接球准备或是向无人的标志桶移动跑位。防守人要全力抢断球或干扰传接球，若抢断球成功，传球失误的传球人与防守人互换角色，继续游戏。

要领： 1. 游戏过程中传球人要善于观察防守人的位置，相互之间传接球要准确，通过做出各种传球方式加大防守人的判断难度。
2. 无球的传球人注意观察防守人位置，通过肢体语言或眼神与有球传球人交流，跑位后的接球动作要衔接流畅。
3. 防守人要善于运用假动作对传球人进行判断干扰，从而成功抢断。

规则： 1. 在游戏过程中，若传球人与防守人发生争抢球，则视为抢断成功。
2. 防守人若通过打手、推人等犯规方式抢断球，则视为无效。
3. 避免出现两次运球和带球走等违例行为。
4. 若规定时间之内防守人没有抢断成功，则需要换另一名学生担任防守人继续游戏。

拓展： 可根据学生技能的实际掌握情况，将防守人增加至 2 人。

| 传球类 | **比谁传得快** |

目标： 提高学生的快速传接球能力和动作速率；发展学生的上下肢协调能力；培养团队配合意识。

准备： 👤 学生 10~14 人　⏱ 15 分钟　🧰 小篮球 2 个 + 标志桶 10~14 个

方法： 将学生等分为两组，相互交错站位并围成一个圆，每组各选一名学生持球站于圆心位置，两人背对背站立。游戏开始，位于圆心的学生按同一方向与本组队员依次进行传接球，连续进行，先完成 30 次传球的组获胜。

要领： 1. 游戏过程中传接球动作标准、规范，对于传球的指向性要准确，传球人通过脚步的灵活变化迅速找准传球的对象。
2. 做好接球的准备动作，接球后的传球动作要衔接流畅。
3. 团队之间相互配合要默契。

规则： 1. 只能与本组学生进行传接球，若传错，则本次传球视为无效。
2. 游戏时，不得干扰对方学生传接球。
3. 两组学生要进行连续传接球，若中途失误，要重新开始计数，先完成 30 次的组获胜。

拓展： 可根据学生技能的实际掌握情况，加大传球距离或变换传球方式（例如击地反弹传球、双手头上传球、单手肩上传球等）。

| 传球类 | **传球抓人** |

目标： 提高学生行进间的传接球能力和无球跑动意识；培养学生的专注力、自信心和团结协作能力。

准备： 学生若干　15分钟　小篮球1个

方法： 在规定区域内，由两名学生相互传球，其余学生自由跑动。游戏开始，两名学生通过传球移动，利用小篮球触碰其他学生，若被触碰到，则要加入传球队伍。直至所有学生都被抓到，游戏结束。

要领： 1. 游戏过程中，传球学生之间配合要默契，通过眼神或者肢体的交流暗示，把握传球时机，提高传球准确性。
2. 接球人要善于观察周围学生的移动情况，提前跑动选位获得有利位置，通过脚下的快速移动进行触碰。
3. 游戏时注意安全，要对周围人的位置做到心中有数，避免受伤。

规则： 1. 持球人不得出现带球走或两次运球等违例行为，如违例触碰则视为无效。
2. 持球人触碰其他人时双手不得离开球，若将球扔出或砸中人则视为无效。
3. 游戏时，自由跑动的学生不得干扰传球。

拓展： 可根据学生技能的实际掌握情况，变换传球方式（例如击地反弹传球、双手头上传球等）。

| 传球类 | **趣味传球** |

目标：提高学生的传接球能力和动作速率；增强反应能力；体验与同伴进行集体游戏的乐趣。

准备：👤 学生 6~10 人　🕐 15 分钟　🏀 小篮球 1 个

方法：学生围成一个圆圈，中间站一名学生持小篮球作为传球人。游戏开始，传球人可以自由选择传球方式传给外圈的任意学生，学生须在接球前完成一次击掌动作，若没有做出击掌动作则视为接球失败，与圈内传球人互换位置。

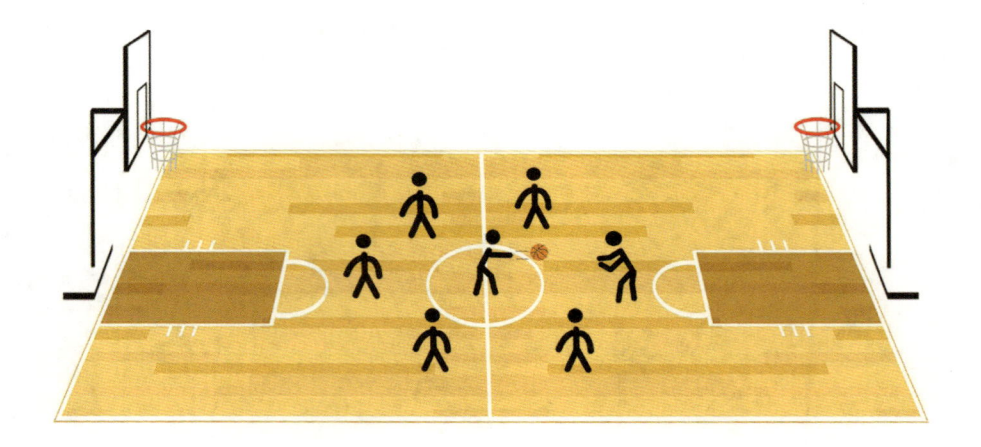

要领：1. 圈内传球人的传球动作要迅速，传球的方向要做到清晰明了，指向要有唯一性。
2. 接球学生注意力要集中，提前判断好传球人即将做出的传球方向是否指向自己，从而做出相应的接球动作。
3. 击掌和接球的动作之间要衔接流畅，动作清晰。

规则：1. 游戏时，传球人随机选择传球对象。
2. 若接球学生没有接到球或没有做出击掌动作，则要与传球人互换位置。

拓展：可根据学生技能的实际掌握情况，变换为所有人都持球，圈内传球人可选任意的传球方式（若传球人击地反弹传球，则圈外持球学生要进行平传球，两人互传）。

传球类 捕捉·小能手

目标：提高学生的传接球能力和防守抢断球能力；发展学生的脚步灵活性；增强判断能力。

准备：学生 6~12 人　20 分钟　小篮球 1 个 + 标志桶 6~12 个

方法：学生人数按照阿拉伯数字进行编号，将同等人数的标志桶围成一个圆圈，学生随机站于标志桶后，圈内站一名学生作为捕手，圈外 1 号学生持小篮球。游戏开始，传球人需喊出接球者所对应的数字后再进行传球，接球人听到自己的数字后迅速举手并做出正确的接球姿势，以便准确无误地接球。游戏过程中，捕手要在接球人接触球之前触碰接球人，并与传球人进行换位，倘若接球后再触碰则视为无效。

要领：1. 游戏时要集中注意力，进行准确无误的传接球配合。
2. 捕手要视野宽广，伺机而动，做出准确的判断。
3. 捕手触碰接球人的同时注意观察传球路线，避免被砸到。

规则：1. 游戏过程中，捕手要轻触碰接球人，不能出现推、拉、撞等大力动作。
2. 传球人须喊出即将接球人号码后再进行传球。
3. 接球人听到自己的号码后迅速做出举手动作示意接球位置，再做出正确的接球姿势以便接球。

拓展：可根据学生技能的实际掌握情况，变为两名捕手，从而增加游戏难度。

第五章　小篮球教学游戏的分类与设计

113

| 投篮类 | **周游"列国"** |

目标：提高学生的投篮能力、激发投篮兴趣；发展学生的上下肢协调能力；增强学生的心理承受能力。

准备：👤 学生 4~6 人　🕐 15 分钟　🏀 小篮球 2~3 个

方法：学生 4~6 人为宜。游戏开始，投篮位置分为"宋国""楚国""郑国""陈国""卫国"五处，学生按顺序依次投篮，每轮每人有一次试投机会，如果命中则进入到下一"国家"，若未命中，则按顺序等待下一轮投篮机会。每个位置必须投中才能进入下一个位置投篮，先完成者获胜。

要领：1. 游戏时注意力保持高度集中，在确保正确投篮姿势的基础上，对于投篮的位置要迅速做出调整，以保持连续命中。
2. 投篮过程中要学会及时调整自己的心态，在等待投篮时要善于观察总结他人的投篮动作，通过表象训练法或徒手练习来增强自己的投篮信心。

规则：1. 投篮过程中，须按顺序依次进行投篮。
2. 投中后方可到下一个位置继续进行投篮。
3. 不能干扰正在投篮的学生。

拓展：可根据学生技能的实际掌握情况，规定或不规定投篮方式，增加或缩短投篮距离。

| 投篮类 | **计数投篮赛** |

目标：提高学生快速出手的投篮命中率；发展学生的上下肢协调能力；增强学生的自信心和团结协作的精神。

准备：学生若干　15 分钟　小篮球若干个 + 标志桶 6 个

方法：将学生分成 6 组，各持一个小篮球，每侧半场站 3 组（①②③组站一侧，④⑤⑥组站另一侧），分别站在距球篮 3~4 米的标志桶后。游戏开始，①组、④组第一个学生投篮，投篮后迅速抢篮板球并排到本队队尾。然后按此方法，②组、⑤组第一个学生投篮，等③组、⑥组第一个学生投篮后，①组、④组第二个学生开始投篮。按此顺序依次投篮，先投中 20 次的组为胜。

要领：1. 强调投篮的正确动作，学会在等待的过程中观察其他学生的投篮动作，吸取优点，提高自己的投篮命中率。
2. 学会提前判断自己投篮出手后球的运动轨迹，做到对球是否命中及下一步的篮板球落点做到心中有数。

规则：1. 游戏过程中，如没有按照顺序进行投篮，则投篮命中无效。
2. 球命中后，每组的学生要大声喊出命中的总次数。
3. 完成投篮 20 次的组，原地举手示意。

拓展：可根据学生技能的实际掌握情况，逐渐加大投篮距离，也可以设置在规定时间内投中次数多的组获胜，从而增加投篮难度。

投篮类 "6+3" 投篮赛

目标： 提高学生在比赛中快速出手的能力和投篮命中率；发展学生的上下肢协调能力；培养团结协作的精神。

准备： 学生若干　　10 分钟　　小篮球 4 个 + 标志桶 4 个

方法： 将学生分为四组，标志桶位置为投篮点。游戏开始，每组的第一名学生持球，听教师哨声，开始投篮，投篮后冲抢篮板球将球传至下一名学生。每次投中得 1 分，如果小组想要获得胜利，必须累计得 6 分后，再连续投中 3 个球。

要领： 1. 游戏过程中要求投篮动作规范、流畅，身体协调发力。
2. 在投篮过程中不要有心理压力，某一次的投篮失败要迅速做出总结，及时调整心理状态从而提高命中率。
3. 抢篮板要注意安全，相互之间留有时间差，避免冲撞受伤。

规则： 1. 同侧半场的两组学生，投篮时注意时间差，避免两球相撞。
2. 学生自投自抢，不得由其他同伴代替抢篮板球，否则命中无效。
3. 每次投篮命中后学生须大声喊出来投篮命中得分的总数。

拓展： 可根据学生技能的实际掌握情况，规定或不规定投篮方式，增加或缩短投篮距离。

| 投篮类 | **赢取"蛋糕桶"** |

目标： 提高投篮命中率和快速出手能力，以及自投自抢篮板球能力；发展上下肢协调性和柔韧性；激发学生对小篮球的兴趣。

准备： 👤 学生 16~20 人　🕐 15 分钟　🧺 小篮球 2 个 + 标志桶 16~20 个

方法： 将学生等分为两组，站于投篮指定位置，相同人数的标志桶放于两组异侧。游戏开始，每队排头学生持一个小篮球，听到教师指令开始投篮，无论命中与否，迅速冲抢篮板球并将球传给本队下一名投篮学生。球未命中，投篮学生排到队尾等待下一次投篮机会；若命中，则跑到对面取走对方一个标志桶放到本组区域，在规定时间，获得标志桶多的组为胜。

要领： 1. 要求投篮动作规范，不要被对方的命中球数量所干扰而产生心理压力。
2. 投篮未命中的学生在下一轮投篮之前要总结自己未命中的原因，争取下一次投篮命中。
3. 抢篮板球后的传球动作要规范，避免传球失误造成时间浪费。

规则： 1. 按教师要求在指定位置进行投篮。
2. 学生每轮只有一次投篮机会，未命中不得补篮，否则命中视为无效。

拓展： 可根据学生投篮技术的实际掌握情况适当增加投篮距离。

投篮类 上篮 + 罚球接力赛

目标： 提高学生的快速运球上篮能力和移动投篮的稳定性；培养学生积极进取、力争上游的意志品质。

准备： 学生若干　15分钟　小篮球2个

方法： 将学生等分为两组，站于中线两端，各面向一个球篮，每组排头学生持一个小篮球。游戏开始，听到教师指令后，排头学生运球至各自前场进行上篮，无论命中与否，抢篮板运球至罚球线完成一次罚球，然后将球传至本组下一名学生，循环重复上述动作。上篮命中得1分，罚球命中得2分。在规定的时间内，得分多的组获胜。

要领： 1. 快速运球的同时上篮姿势要规范，上篮节奏要掌握好。
2. 罚球时，通过加深呼吸快速调节身体的稳定性。
3. 完成罚球后迅速将球传至本队下一名队员，要求传球动作规范，接球人提前做好接球准备，避免失误。

规则： 1. 上篮或投篮均为一次机会，不得补篮，否则得分视为无效。
2. 罚球要在5秒钟之内出手，超出时间投篮命中视为无效。
3. 在游戏过程中，学生要大声喊出本队累计的分数。

拓展： 可根据学生技能的实际掌握情况，将比赛扩大至全场，学生从端线出发，完成上篮和投篮各两次，从而增加游戏难度。

综合素质类 小鸭过河

目标： 提高学生的反应能力和观察能力；发展学生的空间感知能力；培养学生坚韧不拔的意志品质。

准备： 👤 学生 6~8 人　⏱ 15 分钟　🏀 小篮球若干

方法： 在球场上画一条宽两米的"小河"。学生 6~8 人，选出一名学生扮演"鳄鱼"角色，其他学生扮演"小鸭"角色。游戏开始，"小鸭"运球冲过"小河"，"鳄鱼"在河中捕捉"小鸭"，被捕捉到的学生单脚跳跃通过"小河"。

要领： 1. "小鸭"要注意观察"鳄鱼"的位置，判断时机，快速通过"小河"。
2. 游戏过程中"鳄鱼"伺机而动，通过各种出其不意的行为迷惑"小鸭"，干扰其做出正确判断，从而眼疾手快地把"小鸭"抓住。
3. "小鸭"在穿过小河时要注意安全，与"鳄鱼"斗智斗勇，避免因碰撞而受伤。

规则： 1. "小鸭"过河后"鳄鱼"不得再抓。
2. 被抓到的"小鸭"单脚跳跃进行游戏，直到游戏结束。
3. "小鸭"全部被"鳄鱼"抓到，游戏结束。

拓展： 根据学生技能的实际掌握情况，变为两条"鳄鱼"，从而增加游戏难度。

综合素质类 捕捉冻结

目标： 提高学生的起动、急停和变向躲闪能力；发展学生的脚步灵活性和敏捷性；增强学生的身体素质。

准备： 学生若干　10分钟

方法： 教师指定一名学生担任"捕捉人"角色，其余学生在规定范围内自由跑动，躲避捕捉人，如被捉到则被"冻结"，在原地不可移动，直到通过没有"冻结"的队友拍击之后方能"解冻"。

要领： 1. 学生要集中注意力，针对自己周围学生的位置情况规划好最佳的移动路线。
2. "捕捉人"要善于观察，通过声东击西的手段，出其不意地抓住时机捕获自由跑动的学生。
3. 游戏过程中相互之间要彼此提醒，眼观六路，随机应变，同时要注意安全，避免相互之间发生碰撞。

规则： 1. 被"冻结"的学生不能随意移动，直到"解冻"后方可移动。
2. 全部被"冻结"，"捕捉人"胜利，换另一名学生担任"捕捉人"角色。

拓展： 根据学生技能的实际掌握情况，变为两名"捕捉人"，从而增加游戏难度。

综合素质类 ## 看谁定力足

目标： 提高学生的脚步灵活性及动作的敏捷性；发展学生的身体协调能力、平衡能力。

准备： 学生若干　　10 分钟

方法： 学生分散站于篮球场一侧端线处，听教师喊出"开始"，学生在场地内随意跑动，教师喊出"定"，学生立刻像雕塑一样保持静止，教师喊出"左脚单脚站立"的口令时，学生马上按照指令做出反应。

要领： 1. 学生要按照教师的指令迅速做出相应的动作。
2. 根据教师的指令，学生在做出静止动作时，通过急停脚步迅速降低身体重心，从而获得身体平衡。
3. 在单脚站立过程中，学生要学会灵活调整身体重心，使其固定在支撑腿上。

规则： 1. 教师发出静止指令后，若有学生脚下还未站稳，则视为违例。
2. 随意跑动时必须产生位移。

拓展： 根据学生的掌握情况，可增加动作难度（由跑步改为做防守碎步或蹲跳等）。

综合素质类 不要被"干扰"

目标: 提高学生的快速反应能力;发展灵敏性和速度素质。

准备: 🧍 学生若干　🕐 10分钟　🛢 标志桶若干

方法: 将学生等分为两组,面对面站立,教师提前说出规则"我举起哪只手,我同侧手边的组跑"或"我举起哪只手,我同侧手边的组抓",教师可通过语言或动作对学生进行干扰(例如举一侧手指另一侧方向或者语言"快跑""快抓")。教师发出指令后,学生进行追捕,两组学生冲刺过每组背后指定的线,视为安全。

要领: 1. 学生要专注,判断教师的手势从而迅速做出正确行动。
2. 不要被教师和身边学生的行为所干扰。
3. 在追捕过程中要注意和身边横向的学生保持距离,避免相互碰撞。

规则: 1. 被追学生越过指定端线后,追捕的学生不能再抓。
2. 追捕过程中,只能用手触拍对方身体,不得有推、拉、撞等犯规动作,否则追捕视为无效。

拓展: 根据学生对技能的实际掌握情况,由面对面站立听教师指令变换为动态状态下听教师指令(如纵跳、高抬腿、蹲跳等)。

| 综合素质类 | 圆圈追逐赛 |

目标： 提高学生脚步移动的灵活性和分析判断能力；发展学生的速度素质；培养学生坚韧不拔的意志品质。

准备： 学生若干　　15分钟　　标志桶若干

方法： 学生两人一组，站于标志桶围成的圆圈外，其中一名学生担任追逐人。游戏开始，沿圈外被追人通过各种方式不被追逐人抓到；若被抓到，则两人互换角色。

要领： 1. 游戏过程中被追人要通过加强脚步的灵活性来防止被抓。
2. 追逐人在游戏中要快速判断被追人的行动意图，通过快速移动或者假动作迷惑对方来达到抓人的目的。
3. 在整个游戏过程中，双方避免嬉笑，要保持高度紧张，避免意外受伤。

规则： 1. 两人跑动过程中不得进入圆圈内，进入圈内抓到则视为无效。
2. 可随机选择和变换追逐的方向。
3. 追逐人只能用手触拍对方身体，不得用推、拉、撞等犯规方式，否则抓到视为无效。

拓展： 根据学生技能的实际掌握情况，由徒手追逐变换成运球追逐，从而增加游戏难度。

综合素质类 **三子棋**

目标： 提高学生的快速反应能力和奔跑能力；发展学生的下肢灵活性和敏捷性；增加学生的大脑思维能力。

准备： 学生10人　15分钟　标志桶8个 + 敏捷圈9个 + 旗子两幅

方法： 将学生等分为甲、乙两组，站于旗子后的指定位置，每组前三名学生各持一个标志桶（甲组红色，乙组蓝色），场地内利用9个敏捷圈摆成一个正方形，每组前方放置标志桶。游戏开始，听教师指令，甲、乙两组第一名学生出发，绕标志桶一圈冲刺到敏捷圈处，将手中标志桶放在敏捷圈内直线返回起点，与下一名出发学生击掌后排至队尾，依次循环。将敏捷圈内本队3个标志桶摆成横线、竖线或斜线，并试图阻止对方将标志桶摆成直线，最终先摆成直线的组为获胜组。

要领： 1. 游戏过程中跑动速度快，提前判断好标志桶要摆放的位置。
2. 脚步动作灵敏，在绕标志桶过程中要学会通过调整身体重心来保持高速的绕圈运动。
3. 学生绕标志桶一圈后加速的第一步身体发力要协调。

规则： 1. 学生位于指定位置，不能提前越线，击掌后方可出发。
2. 不能随意挪动对方标志桶位置，要准确地将自己的标志桶放在敏捷圈内。

拓展： 根据学生的实际掌握情况，可以扩大游戏区域，加大学生的跑动距离。

| 综合素质类 | 保卫"龙珠" |

目标：提高学生的防守滑步能力、虚晃摆脱能力、应变能力；发展学生的下肢力量；培养学生坚韧不拔的意志品质。

准备：学生 5 人　　10 分钟　　小篮球 1 个

方法：学生每组 5 人，其中 1 人为"龙珠"抢夺人，其余 4 人为"龙珠"保卫人，手拉手呈半包围状态，保卫中心放置的"龙珠"。游戏开始，抢夺人利用各种方式抢夺"龙珠"，保卫人通过脚下整体防守滑步移动防止"龙珠"被抢夺。

要领：1. 抢夺人要充分利用身体的摆脱、虚晃假动作等方式进行抢夺。
2. 保卫人在游戏过程中降低身体重心，增强稳定性，通过灵活的脚步动作加快移动的速度。

规则：1. 保卫人在游戏全程必须手拉手呈半包围状态，手不得松开。
2. 抢夺人只能从保卫人的缺口处进入抢夺"龙珠"，不得从其他地方穿过。
3. 游戏过程中不能出现拉、拽、推等行为，否则抢夺"龙珠"视为无效。
4. 在规定的时间内若没有抢夺成功，则须换另一名学生担任抢夺人。

拓展：根据学生技能的实际掌握情况，可适当增加保卫者人数，从而增加游戏难度。

| 综合能力类 | **综合接力赛** |

目标： 提高学生的移动运球能力和传接球能力；发展学生的身体协调性；培养学生的团队配合意识。

准备： 学生若干　　10 分钟　　小篮球 2~4 个 + 标志桶 6~12 个

方法： 将学生等分为两组或四组，标志桶摆放在指定位置，设置一名学生负责传接球。游戏开始，各队第一名学生运球绕第一个标志桶一周后直线运球至下一个标志桶急停，采用双手胸前传球的方式与对面传球人进行一个回合传接球后，直线运球回到本队，将球递给下一名学生。如此重复动作，直到本队最后一人完成，先完成者为胜。

要领： 1. 运球动作规范且速度快，绕标志桶时要尽量以最小的运球轨迹进行。
2. 传球动作要规范，尤其是在急停和做出传球动作之间的衔接要流畅，脚步动作要简单清晰。
3. 学生递交球时注意不要失误，以免造成时间上的耽误。

规则： 1. 游戏过程中要避免出现带球走或两次运球等违例行为。
2. 在传接球时根据规则只能用双手胸前传球的方式，若犯规则须回到传球位置重新再传一个回合。

拓展： 可根据学生技能的实际掌握情况变换传球的方式（例如击地反弹传球、头上传球或单手肩上传球等）。

综合能力类 "移动"篮筐

目标：提高学生在比赛中技术的综合运用能力；增强学生的跑跳能力，培养学生的团队配合意识。

准备：👤 学生 8~12 人　🕐 10 分钟　🏀 小篮球 1 个

方法：将学生等分为两队，各队指定一名学生，手拿指定篮网，作为"移动篮筐"，站于对方半场端线后，可任意移动。比赛开始，中圈跳球，双方进入攻防对抗。进攻一方设法将球投入本方"移动篮筐"中，投中得一分。投中后防守队后场发球转入进攻。在防守过程中，如果抢断球成功可随时转入反攻。

要领：1. 游戏过程中场内队员与本队"移动篮筐"要配合默契。
2. 在比赛对抗过程中，要注意安全，避免受伤。

规则：1. "移动篮筐"和其他队友不得越过端线，若越过端线得分，则视为无效。
2. 避免出现带球走或两次运球等违例行为。
3. 两队在规定的时间内，得分多的队获胜。

拓展：可根据情况把个人"移动篮筐"扩大为 2~3 人手拉手围成的多人"移动篮筐"。

综合能力类　"自由"三对二

目标： 提高学生在比赛对抗中多打少的能力和攻守转换意识；发展学生的跑跳能力；培养学生敢于拼搏的良好意志品质。

准备： 学生 5 人　　15 分钟　　小篮球 1 个

方法： 学生两人一队，再设 1 名"进攻自由人"（只参与两队的进攻，不参与防守）。比赛开始，甲队两人和"进攻自由人"一起展开进攻，乙队两人防守。如甲队得分或乙队抢断球，进行攻守转换，"进攻自由人"则与乙队一起参与进攻。如此轮换，比赛始终是三人进攻两人防守。

要领： 1. 整个过程中充分利用多打少的形式选择最有效的快速进攻方式。
　　　　2. 防守人力求通过快速的脚步移动做到以点防线破坏其组织的进攻。
　　　　3. 攻守转换速度快，自由人要随时转换角色，组织有效的进攻方式。
　　　　4. 在游戏过程中，要注意安全，避免受伤。

规则： 1. 投球命中或罚球命中均得 1 分。
　　　　1. 得分或抢断球，进行攻守转换。
　　　　2. "进攻自由人"一直保持进攻状态。

拓展： 根据学生技能的实际掌握情况，比赛可扩展为四对三或全场五对四。

| 综合能力类 | **击鼓传花** |

- **目标**：提高学生在运球加速时的控制球能力、传递球能力；发展学生的身体协调性；激发学生对小篮球的兴趣。

- **准备**：学生 8~10 人　15 分钟　小篮球 2 个

- **方法**：9 名学生坐着围成一个圆圈，其中一名学生持球按照依次顺序进行手递手传接球，圈外由一名学生持球担任"追逐人"角色。游戏开始，坐着的学生进行传递球，"追逐人"按传递球相同方向沿圈外以最快速度运球，并触碰传递球过程中的持球人。

- **要领**：
  1. 游戏过程中要求"追逐人"运球速度快，身体重心降低，看准时机触摸传递人。
  2. 在传递球过程中动作要敏捷迅速，相互之间传递球要流畅。
  3. "追逐人"在触碰过程中要动作准确，避免行动上的慌乱造成不必要的受伤。

- **规则**：
  1. "追逐人"必须在五圈之内抓到传递球过程中的某一个持球学生，与其互换角色，若未抓到，则要接受惩罚。
  2. "追逐人"必须沿着圈外传递球的方向进行追逐，不得进入圈内。

- **拓展**：可根据学生技能的实际掌握情况，逐渐将圆圈扩大或传递球变换为击地一次再进行传递球，从而增加游戏难度。

| 综合能力类 | **数字游戏** |

目标： 提高学生的快速反应能力和投篮能力；发展学生的上下肢协调能力；培养学生的集体荣誉感和团结协作精神。

准备： 学生 10~14 人　　15 分钟　　小篮球 1~2 个

方法： 将学生分为人数相等的两队，面对面站（或坐）于边线两侧，每队学生按身高从 1 至 5 进行排序，每名学生拥有自己的数字代码。游戏开始，在中圈放置两个篮球，听教师口令（可直接喊出数字、英文数字或加减法），被叫到数字的学生冲刺到中圈将球捡起，然后快速运球向教师指定的本队球篮处进行篮下投篮，一旦其中一名学生命中，两人都要运球返回中圈把球放回原处。先命中队伍积一分。

要领： 1. 投篮动作标准、规范，在行进间快速运球投篮的过程中要注意及时调整自己的整体状态，保持投篮的稳定性，提高投篮命中率。
2. 对教师的指令要做到反应迅速，在起动加速过程中要注意脚步移动和控制身体重心。
3. 跑动最后阶段和捡起小篮球做出运球动作的过程要衔接流畅，动作清晰。

规则： 1. 教师发出指令后，学生方可冲刺到中圈捡球，若提前出发，则须回到原位，重新听教师指令。
2. 其中一名学生命中后，另一名再命中，则视为无效。
3. 在规定时间内，得分多的队伍获胜。

拓展： 根据学生技能的实际掌握情况，可增加为 4~6 个小篮球，进行多人投篮。或变换为指定一侧球篮进行一对一、二对二、三对三等多人对抗游戏。

综合能力类 齐心协力"小火车"

目标： 提高学生在快速移动中上篮的能力和动作速率；发展学生的上下肢协调能力；培养学生的默契配合能力。

准备： 🧍 学生若干　🕐 15 分钟　🏀 小篮球 2 个

方法： 将学生分为两组，每组排头持一个小篮球。游戏开始，听到教师指令后，排头双手持球举过头顶传球至身后的人，小组成员依次进行传递，最后一名成员接球后直线运球至对面半场完成上篮，无论投进与否，抢到篮板球直线运球返回至小组排头位置，继续头顶传球。在规定时间内，进球数量多的组获胜。

要领： 1. 小组成员传递球过程中，注意力要集中，保持合适的距离，避免失误。
2. 上篮动作要规范，谨记要缓冲落地，迅速判断篮板球的下落位置，整个过程衔接要流畅。
3. 上篮过程中，两组成员之间要彼此注意安全，留出合适的空间和最小的时间差，避免上篮时产生碰撞。

规则： 1. 学生必须依次进行传递球，中途不能越过任何人。
2. 要求头上传球，学生不能用其他方式进行传球。
3. 游戏过程中，学生要大声喊出投篮命中的累计数量。

拓展： 根据学生技能的实际掌握情况，可变换传接球方式（如胯下传接球，左、右侧传接球，地滚传接球等）。

综合能力类 "虎口夺食"

目标： 提高学生的运球、传接球及抢断球能力；发展学生身体的综合素质；培养学生顽强拼搏的意志品质。

准备： 学生 10~16 人　　15 分钟　　小篮球 5~8 个

方法： 将学生等分为两组，分别扮演"猎手"和"老虎"，"猎手"站于边线处任意位置，"老虎"持球于场地内。游戏开始，教师发出指令并开始计时，"老虎"随意运球，"猎手"冲进场地内进行抢断球，抢到球后迅速将球传至教练员，此时，无球"老虎"可与其他同伴之间进行传接球配合，直到"猎手"抢断完所有的球，游戏结束。然后两组互换角色，用时少的组获胜。

要领： 1. "老虎"运球过程中各种动作要规范，传接球时善于观察、迅速果断。
2. "猎手"之间要相互配合默契，通过眼神或语言的交流达到抢断球的目的。
3. 游戏过程中注意安全，避免受伤。

规则： 1. "老虎"在运球时要始终保持活球状态。
2. 从第一只"老虎"被抢断球后，"老虎"之间可进行传接球配合。
3. "猎手"可采取多人夹击的策略完成抢断球。
4. 游戏过程中避免出现推、拽、拉、撞等危险动作。

拓展： 可根据学生技能的实际掌握情况，增加"老虎"只数、减少"猎手"人数，或增加"猎手"人数、减少"老虎"只数。

第六章 小篮球与跨学科主题学习

跨学科主题学习是时代发展的必然，也是新时期教师的必备素质和教学的努力方向。唯有坚持跨学科融合，我们的教学才会有真正的突破，并实现新的生长和跨越。也唯有这种教学，才能真正拓宽学生学习的路径，并培养出无愧于这个时代的创新人才。为了更好地开展小篮球运动，充分挖掘小篮球运动的育人价值，也为了更好地实现小篮球运动与其他学科的融合，促进少年儿童健康发展，我们特设计了小篮球跨学科主题学习的范例，以供参考。

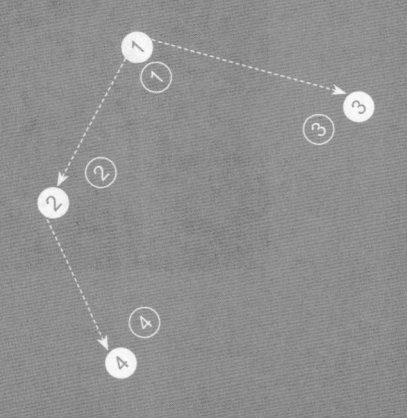

小篮球跨学科主题学习课程

成立课程开发小组

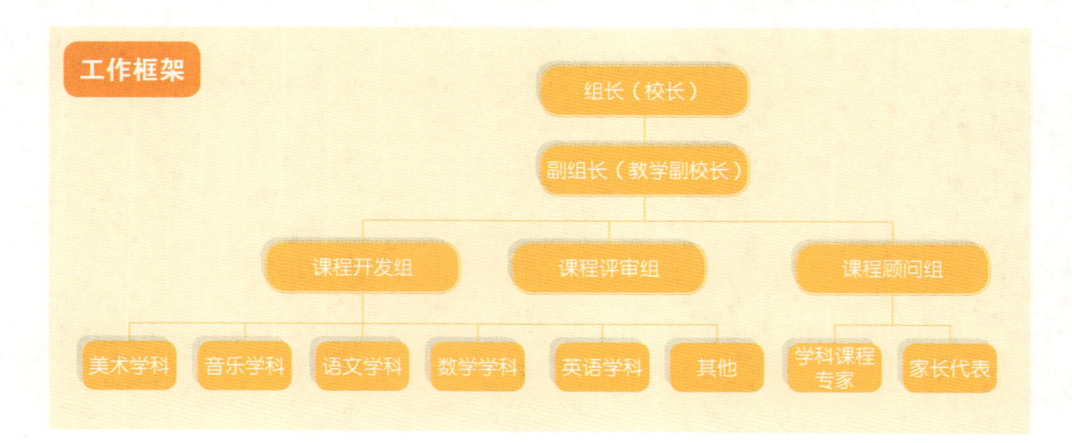

工作框架

```
组长（校长）
    │
副组长（教学副校长）
    │
    ├── 课程开发组
    │       ├── 美术学科
    │       ├── 音乐学科
    │       ├── 语文学科
    │       ├── 数学学科
    │       └── 英语学科
    ├── 课程评审组
    │       └── 其他
    └── 课程顾问组
            ├── 学科课程专家
            └── 家长代表
```

工作职责

负责人	工作职责
教学副校长	全面负责小篮球跨学科主题学习课程开发与实施的组织、安排、指导协调工作
课程开发组	负责总体方案设计，过程落实，搜集跨学科主题学习课程实施过程中的问题，组织讨论，找出有针对性的解决办法，以及开展跨学科主题学习课程检查评估工作
课程顾问组	负责组织学科教师开发跨学科主题学习课程，组织课程申报，为课程实施提供支持
课程评审组	负责学科跨学科主题学习课程的审批工作

工作流程

成立课程开发组，制订方案 → 召开课程开发工作会议 → 组织开发课程，撰写课程纲要 → 课程申报 → 课程评审组进行课程评审 → 公布审批课程目录 → 组织学生报名，安排课表 → 实施走班上课制教学 → 召开总结会，总结实施情况

活动组织形式

学科教师根据本学科特点结合小篮球运动开发跨学科主题学习课程，撰写课程纲要，申报课程；课程评审组进行评审，遴选出学生喜爱、适合本校小篮球运动实际开展情况的跨学科主题学习课程；形成课程目录。

小篮球跨学科主题学习课程目录

序号	类别	课程名称	授课教师	学时	班额	每班报名人数	课程介绍
1	语文	小篮球赛事报道	语文教师（×××）	6	16	4	我们的课程是学习撰写体育报道的基本要领和技巧，提高你的观察能力、分析能力和写作能力。快来参与吧！小小报道员
2	语文	小篮球赛事解说	语文教师（×××）	6	16	4	我们的课程可以教会你如何了解观看小篮球赛，如何去解说一场小篮球赛，提高你的观察能力和语言表达能力哟
3	数学	小篮球技术统计	数学教师（×××）	6	16	4	快来学习如何收集统计小篮球比赛的数据吧，可以帮助你们班的篮球队通过数据分析，充分发挥自己的优势战胜对手哟
4	艺术	啦啦操表演	音乐教师（×××）	6	16	4	啦啦操表演追求服装、道具设计、动作编排、队列造型、音乐选择等方面的创造，是将荣誉、自信、亮丽、精神、热情融于一体的运动，快来报名吧
5	艺术	小篮球队徽、海报设计	美术教师（×××）	6	16	4	同学们！加入我们的课程，学习如何设计队徽、海报的知识，运用优美的构图、艳丽的色彩为你们的班级设计一张充满篮球动感和热情的海报吧

第六章 小篮球与跨学科主题学习

135

续表

序号	类别	课程名称	授课教师	学时	班额	每班报名人数	课程介绍
6	英语	小篮球英语	英语教师（×××）	6	16	4	同学们！你们热爱小篮球运动，但你们会用英语说出比赛场上的小篮球术语吗？你能在小篮球比赛中用流利的英语介绍自己吗？Come and learn from me！
7	科学	小篮球联赛用具制作	科学教师（×××）	6	16	4	同学们！"小篮球欢乐季"马上就要到了，你们一定很想为班级篮球队加油吧！来吧！让我们收集一些可利用的废弃物，通过自己的想象能力制作加油用具吧！参与绿色环保活动很光荣哟
8	信息	小篮球电子报刊设计	信息技术教师（×××）	6	16	4	各位小设计师请注意啦！让我们一起学会使用Powerpoint (PPT)设计制作精美的多媒体电子刊物，记录自己班级在"小篮球欢乐季"中的美好瞬间吧
9	道德与法治	小篮球联赛班会设计	道德与法制教师（×××）	6	16	4	同学们！小篮球比赛中有胜利、有失败；训练中有进步、有挫折；赛场上有摩擦、有合作。我们如何克服自己的坏脾气和不足，如何发扬自己的优点，如何增强自身的意志品质呢？快让我们讨论一下吧
10	健康	运动损伤的预防和应急处置措施	校医（×××）	6	16	4	同学们，这个课程学习的是运动损伤的预防知识和应急处置措施，可以提高我们的预防意识、掌握科学的应急措施，还能让我们领会红十字会的救险扶危、互助合作的精神。来吧，小伙伴！让我们建立一支自己的"小小救护队"吧

注：此课程目录学生人数以每年级为4个教学班、160名学生为例。

　　课程目录可以通过张贴海报、午休广播、学校媒体视频的形式向学生公布，内容有课程名称、授课教师、课程介绍、招生名额、班级配额等，学生通过课程介绍了解课程内容，可以根据自己的特长、爱好选择课程，参与学习。授课时间可以安排在午休或者占用校本课程时间，授课形式则采取走班制。

小篮球跨学科主题学习学生选课安排表

序号	课程	授课教师	地点	人数	班级	学生			
1	小篮球赛事报道	语文教师（×××）	五年级1班教室	16	五年级1班	×××	×××	×××	×××
					五年级2班	×××	×××	×××	×××
					五年级3班	×××	×××	×××	×××
					五年级4班	×××	×××	×××	×××
2	小篮球赛事解说	语文教师（×××）	五年级2班教室	16	五年级1班	×××	×××	×××	×××
					五年级2班	×××	×××	×××	×××
					五年级3班	×××	×××	×××	×××
					五年级4班	×××	×××	×××	×××
3	小篮球技术统计	数学教师（×××）	五年级3班教室	16	五年级1班	×××	×××	×××	×××
					五年级2班	×××	×××	×××	×××
					五年级3班	×××	×××	×××	×××
					五年级4班	×××	×××	×××	×××
4	啦啦操表演	音乐教师（×××）	篮球馆	16	五年级1班	×××	×××	×××	×××
					五年级2班	×××	×××	×××	×××
					五年级3班	×××	×××	×××	×××
					五年级4班	×××	×××	×××	×××
5	小篮球队徽、海报设计	美术教师（×××）	美术教室	16	五年级1班	×××	×××	×××	×××
					五年级2班	×××	×××	×××	×××
					五年级3班	×××	×××	×××	×××
					五年级4班	×××	×××	×××	×××
6	小篮球英语	英语教师（×××）	五年级4班教室	16	五年级1班	×××	×××	×××	×××
					五年级2班	×××	×××	×××	×××
					五年级3班	×××	×××	×××	×××
					五年级4班	×××	×××	×××	×××
7	小篮球联赛用具制作	科学教师（×××）	科学教室	16	五年级1班	×××	×××	×××	×××
					五年级2班	×××	×××	×××	×××
					五年级3班	×××	×××	×××	×××
					五年级4班	×××	×××	×××	×××
8	小篮球电子报刊设计	信息技术教师（×××）	计算机房	16	五年级1班	×××	×××	×××	×××
					五年级2班	×××	×××	×××	×××
					五年级3班	×××	×××	×××	×××
					五年级4班	×××	×××	×××	×××
9	小篮球联赛班会设计	道德与法制教师（×××）	录课室	16	五年级1班	×××	×××	×××	×××
					五年级2班	×××	×××	×××	×××
					五年级3班	×××	×××	×××	×××
					五年级4班	×××	×××	×××	×××
10	运动损伤的预防及应急措施	校医（×××）	阶梯教室	16	五年级1班	×××	×××	×××	×××
					五年级2班	×××	×××	×××	×××
					五年级3班	×××	×××	×××	×××
					五年级4班	×××	×××	×××	×××

第六章 小篮球与跨学科主题学习

案例一　小篮球跨语文学科主题课程纲要——小篮球赛事报道

授课人：×××

课程名称	小篮球赛事报道
课程设置	6 课时
课程目标	1. 使学生初步了解小篮球赛事报道的基本内容和方法，能通过观察比赛及时对赛事进行报道 2. 通过报道，提高学生观察、分析、表达的能力 3. 激发学生对小篮球运动的兴趣，培养学生对体育及写作的爱好
教材内容	第一课时：了解一些篮球比赛知识及作为一名赛事报道员应具备的能力（观察细致、分析正确，表达清楚，报道及时） 第二课时：讲解写赛事报道的基本要求。通过讲评一段体育报道进行具体的指导，使学生将理论与实际相结合，进一步明确撰写赛事报道的要求 第三课时：观看一段小篮球比赛实况片段，指导写一篇报道 第四课时：讲评学生所写的赛事报道 第五课时：观看学校小篮球队的一场比赛，教师指导写作 第六课时：写一篇学校"小篮球欢乐季"比赛的赛事报道，并进行评析
教学策略	1. 教师通过讲解、阅读、评析、实践以及观看篮球比赛实况等方法激发学生的学习兴趣，并通过亲身参与报道工作，引导学生学习与实践 2. 根据学生的实际情况，不断调整教学方法，使每个学生通过此项活动在观察、分析、表达等能力方面均有所提高，并在此活动中获得成功的体验，激发学生对小篮球运动的兴趣，培养学生的写作及表达能力
评价方法	1. 自我评价——学生本人对报道的及时、准确及表述的满意度进行评价 2. 教师评定——依据其他学生和教师的反映，对报道员的观察、分析、表达能力等方面的情况进行综合评价（同时考虑学生的自我评定情况）

案例一　小篮球跨语文学科主题课程教案——小篮球赛事报道

第五课时

教学目标	1. 指导学生学会撰写小篮球赛事的相关报道 2. 在学习例文的基础上迁移运用，引导学生掌握篮球赛事的一般写法，把事件写清楚，重点突出、语言规范
教学内容	1. 组织学生观看一次篮球比赛视频，并仿照例文写一篇小篮球赛事报道 2. 通过观看视频、交流讨论，领会体育新闻报道的写法，明确小篮球赛事报道的写作要点
教学重点	1. 领会体育新闻报道的写法，明确篮球赛事报道的写作要点 2. 要求能做到"新、真、短、快"，以简洁的文字，真实的内容，迅速报道新近发生的小篮球赛事
教具准备	视频

教师指导	学生活动
一、回顾、复习导入 （一）交流报道稿 1. 四人小组逐篇交流，推荐优秀习作准备在全班交流 2. 展示学生撰写的精彩赛事报道片段 从各组选出一份写得好的报道读一读 3. 指导评议 内容清楚：要写清比赛或活动的时间、地点、人物和结果，要写清比赛或活动的过程 语言简洁：报道不同于一般记叙文，它的语言应简洁并且规范，一般不需要展开描写、抒情、议论，实事求是地还原事情的本来面目即可 （二）修改报道稿 1. 自己修改 2. 交流，推荐优秀报道给学校广播站或推送班级黑板报展示 3. 教师点评 今天我们了解并初步掌握了"篮球赛事报道"的写作要求，今后同学们在学习、生活中若是发现了值得报道的事情，可以拿起笔来，给学校的广播站、班级黑板报甚至各种报纸踊跃投稿 二、观看视频 1. 看一段学校篮球队参加小篮球比赛的视频 2. 交流篮球比赛的情况 三、讨论例文，再次明确写法 1. 回顾新闻报道的特点 2. 明确新闻报道的写作要点 3. 讨论如何将此次球赛的报道告诉听者或读者 四、撰写篮球比赛报道稿 1. 板书列提纲 2. 按照板书的提示，教师指导将篮球比赛按新闻报道格式说一说 3. 练习写一写 五、指导评议，修改，择优选在学校广播站播出	分组交流上节课写的赛事报道片段 学生互相评议 修改自己的报道稿 全班交流、推荐 看视频 交流篮球赛事情况 学生交流讨论 同桌说 指名答 练习写赛事报道 交流

教学反思	学生通过交流上次的片段描写，再观看视频，还可以结合自己的实际经历，使赛事报道有具体内容写、容易写，从而学会写小篮球赛事报道。另外，教师激励性的语言对克服学生畏难情绪起到了一定的作用

案例二　小篮球跨数学学科主题课程纲要——小篮球技术统计

授课人：×××

课程名称	小篮球技术统计
课程设置	6课时
课程目标	1. 通过收集整理数据、制作统计图等活动，使学生初步了解统计在生活中的地位和作用 2. 通过对小篮球联赛素材的整理与分析，进一步了解每班篮球技术水平，并能给体育教师提供课堂教学依据 3. 通过活动，培养学生搜集信息的能力、观察生活的能力，提高学生的自主创造能力和群体合作能力
教材内容	第一课时：知晓活动的目的、意义，保证学生能充分地参加活动，明确收集哪些资料，了解制作统计图的步骤及方法 第二课时：讲解篮球比赛中犯规的种类。观摩视频，统计小篮球比赛中的犯规次数 第三课时：讲解什么是篮球比赛中的助攻与失误，观摩视频统计小篮球比赛中的助攻与失误，计算助攻与失误比 第四课时：到达比赛地点，组织学生按小组分工，统计投篮次数、命中次数、犯规次数、失误次数 第五课时：根据获得的信息制成统计表，再绘制成条形统计图和折线统计图 第六课时：根据绘制的条形统计图和折线统计图做出初步的分析、判断和预测，为学校小篮球联赛和小篮球教学提出建设性意见
教学策略	1. 教师采用多样的教学方法（讲解、实际操作等）激发学生学习统计的兴趣 2. 通过学生亲身参加小篮球技术统计活动，丰富学生的经验，使学生在活动中获得成功的体验，培养学生的数学能力
评价方法	1. 自我评价、生生互评，学生对统计结果加以分析，同时组内相互评价，并将评价结果反馈给伙伴 2. 教师评价，根据学生制作的统计图，从数据的准确性、作品的美观性等方面做出综合性评价

案例二 小篮球跨数学学科主题课程教案——小篮球技术统计

第三课时

教学目标	1. 了解失误的定义，知道助攻失误比的意义及作用 2. 理解助攻失误比的计算方法 3. 根据统计数据正确计算助攻失误比，并能帮助班级球队分析学生的自身特点
教学内容	了解助攻失误比意义，作用及计算方法
教学重点	理解失误的定义，正确计算助攻失误比
教具准备	PPT、学生准备"失误"和"控球后卫"的资料

	教师指导	学生活动
教学过程	一、引入 小篮球比赛中，在进攻端高效的得分无疑是取得胜利必不可少的途径，而盘活整支队伍进攻的就是助攻了。助攻体现了一支球队的整体性和战术素养，也是一名球队组织者能力的体现。因此组织者除了要有良好的大局观，能够用精妙的传球帮助队友得分，还需要减少自己的失误。因为失误就意味着对方的得分，甚至是本队失败。助攻失误比这项技术统计由此产生 二、新授 1. 什么是失误？ 在小篮球比赛中，由于你本身发生的错误导致球队失去控球权的时候，就叫作失误 失误1：走步，新手球员经常犯的失误，不知不觉之中就会出现走步 失误2：两次运球，俗称"二运"，运球过程中，双手触摸球两次的时候就叫作两次运球 失误3：球回后场，俗称"回线"，从前场运球或将球传回到自己的后场 失误4：丢球，运球或者传球没有成功，被对方抢断或者出线 2. 理解助攻失误比 所谓"助攻失误比"，就是计算一位球员平均在几次助攻下会出现一次失误。由于从助攻失误比可轻易看出球员传球的稳定性及助攻的成功率，因此，助攻失误比多用于评价控球后卫的素质，助攻失误比越高，表示球员的传球稳定性越强、失误率越低 3. 助攻失误比的计算方法 助攻失误比 = 总助攻次数 / 总失误次数 两个数的比表示两个数相除。表示两个量的倍数关系 4. 练习助攻失误比求法 分别求三名学生的助攻失误比 小宇同学：5次助攻2次失误，他的助攻失误比是多少？ 小凯同学：6次助攻4次失误，他的助攻失误比是多少？ 小波同学：4次助攻3次失误，他的助攻失误比是多少？ 三、观摩一场学校班级的小篮球比赛视频 1. 观看比赛收集数据 2. 根据统计数据进行计算，形成报告 3. 分组进行汇报，提出球员建议	课前学生查阅资料，分组进行汇报 计算三名学生的助攻失误比，加以练习 学生4人一组，两人统计助攻，两人统计失误；计算并形成报告，组长代表汇报
教学反思	"比"和"百分数"一样也是小学数学六年级上册学习的内容，本课直接给出比的定义，学生练习进一步理解助攻失误比的含义。学生有一定的学习经验后，可以布置学生查阅本课的相关信息及数据，作为课上交流。不仅能培养学生自学能力，还能提高学生学习积极性，同时能使学生更好地理解本节课内容	

案例三　小篮球跨音乐音学科主题课程纲要——啦啦操表演

授课人：×××

课程名称	啦啦操表演
课程设置	6学时
课程目标	1. 建立正确的啦啦操动作概念，掌握基本步法与简单队形变换，提高学生身体协调性 2. 增强学生利用啦啦操项目的锻炼意识，养成良好的锻炼习惯 3. 培养学生在集体活动中充分展示自我、克服困难的意识，并在活动中学会与同伴交流、合作
教材内容	第一课时：游戏《谁动了我的奶酪》；32手位操；初步了解啦啦操基本动作和简单队形变换 第二课时：学习花球啦啦操组合动作一、二 第三课时：复习花球啦啦操组合动作一、二；学习组合动作三、四 第四课时：复习花球啦啦操组合动作一至四；学习组合动作五 第五课时：复习花球啦啦操组合动作一至五；学习组合动作六 第六课时：花球啦啦操组合动作测试
教学策略	1. 结合教学对学生进行体育运动道德教育，培养团队精神。在教学中注重学生各方面能力的培养，尤其是思维能力和自学能力 2. 在教学中要理解学生和尊重学生，区别对待不同能力和不同水平的学生，尽量帮助学生解决学习中遇到的实际困难，引导学生不断进取，树立自信心 3. 在掌握啦啦操基本知识的基础上，应理论联系实际，使学生深入理解啦啦操与身体健康的内在联系，养成锻炼身体的习惯，掌握正确的锻炼方法
评价方法	1. 理论考试：理论小测验，由任课教师出题，随堂进行 2. 技术考试：花球啦啦操自编套路，由任课教师随堂进行 3. 平时成绩：根据学生出勤、学习态度综合评定 （1）理论：小测验，占总成绩的10% （2）技术：花球啦啦操成套动作，占总成绩的70% （3）平时考勤：学习态度、课上表现，占总成绩的20%
实施效果	合作学习、探究学习过程中学生学习气氛很活跃，从开始的扭捏到后面的放开顾虑大胆地表演。本课的授课对象是一至六年级女学生，她们注重形体，对啦啦操有浓厚兴趣，但又害怕出丑，压抑着激情与活力，但在团队的带动和同学的激励下逐渐抛开包袱，团结协作，培养了学生的合作意识和团队精神。在音乐伴奏下，体验运动的快感同时提高团队解决问题的能力，享受团队成功的快乐，培养创新意识

案例三　小篮球跨乐音学科主题课程教案——啦啦操表演

第四课时

教学目标	1. 进一步了解并掌握啦啦操项目的基本知识、基本动作与组合技术，提高节奏感、表演力、体能储备 2. 掌握啦啦操项目的科学锻炼方法、项目特点和健身功能，养成良好的锻炼习惯。 3. 培养学生相互探究、团结协作的精神
教学内容	1. 复习花球啦啦操组合动作一至四 2. 学习花球啦啦操组合动作五 3. 创编花球啦啦操组合动作一至五队形与动作
教学重点	重点：花球啦啦操组合动作一至五队形与动作的创编 难点：手臂运动的速度、力度的控制，队形创编中对所学知识的运用
教具准备	花球、音响、力量水瓶

教师指导	学生活动
一、课堂常规 1. 体育委员集合整队，报告人数 2. 师生问好，宣布本节课的教学内容、任务和要求 3. 教师检查着装，安排见习生 二、热身操 啦啦操专项准备活动（步法和基本手位组合练习） 三、复习花球啦啦操组合动作一至四 四、学习花球啦啦操组合动作五 手臂动作： 1~2 拍，成右臂斜冲拳； 3~4 拍，点抬头一次，两手放右侧腰间； 5 拍，成左臂高冲拳； 6 拍，两手放左侧腰间； 7~8 拍，与 5~6 拍动作相同，方向相反	一、教师领做完整组合练习 完全按照俱乐部教学的形式，音乐不停，教师运用适当的教学技巧和教学方法，通过不断地提示，使学生在练习过程中掌握组合动作 练习队形： ☺ ☺ ☺ ☺ ☺ ☺ 　☺ ☺ ☺ ☺ ☺ ☺ ☺ ☺ ☺ ☺ ☺ 　　　　△ 练习要求： 1. 注意教师的口令和手势，及时跟上动作； 2. 动作技术正确、规范； 3. 注意动作和音乐的配合 二、规范和纠正动作 逐一规范和纠正每一个动作和连接，使学生对动作的做法和要求更清楚，并通过练习进一步巩固 练习要求： 明确每一个动作的做法和连接。 三、分组练习 分成两组，在音乐的伴奏下（音乐不停）依次练习，教师及时进行提示与纠正

教师指导	学生活动
步法：  1~4 拍，左脚向前迈出成分腿站立； 5~8 拍，保持不动 手型：握花球 成果展示 结合上次课内容，进行成果展示 素质练习（游戏形式），主要针对学生的力量训练 1. 所有学生做好深蹲动作、两手放胸前准备好 2. 听教师口令，口令为 One 击掌一次、口令为 Two 击掌两次、口令为 Three 击掌三次、口令为 Half 不击掌。击掌错误的学生做俯卧撑 5 个 五、放松 1. 静力拉伸 2. 课后小结	练习队形：  ☺ ☺ ☺　☺ ☺ ☺ ☺ ☺ ☺　☺ ☺ ☺ ☺ ☺ ☺　☺ ☺ ☺ △ 练习要求： 1. 注意力集中，注意音乐，及时开始做动作； 2. 通过观摩其他学生纠正自己的动作； 3. 根据教师的提示及时调整自己的动作 

教学反思　学习内容较多，易混淆；学生做动作力度和速度达不到预期，动作到位没有控制

第七章 校园『小篮球欢乐季』活动的组织与实施

小篮球运动是小学球类运动基础性的教学内容，有着广泛的学生基础。以小篮球为载体的活动也是小学学校体育工作开展的重要方式。要充分发挥小篮球在学校体育中的积极作用，结合学校的办学理念和实际情况，创建具有本校特色的小篮球文化，发挥篮球育人的功能，让每个学生参与到丰富的校园小篮球活动内容中去，推动小篮球运动文化建设。尤其是学校可以尽可能地整合多方面资源，组织开展有关校园小篮球运动丰富多彩的活动，不但可以将小篮球运动代表的积极正向能量传递给更多的学生，也可以使学校的每一位学生、家长、教师都感受到小篮球运动文化的魅力，从而实现在小学开展小篮球运动育人的目的。

校园"小篮球欢乐季"的组织与实施范例

组建组委会

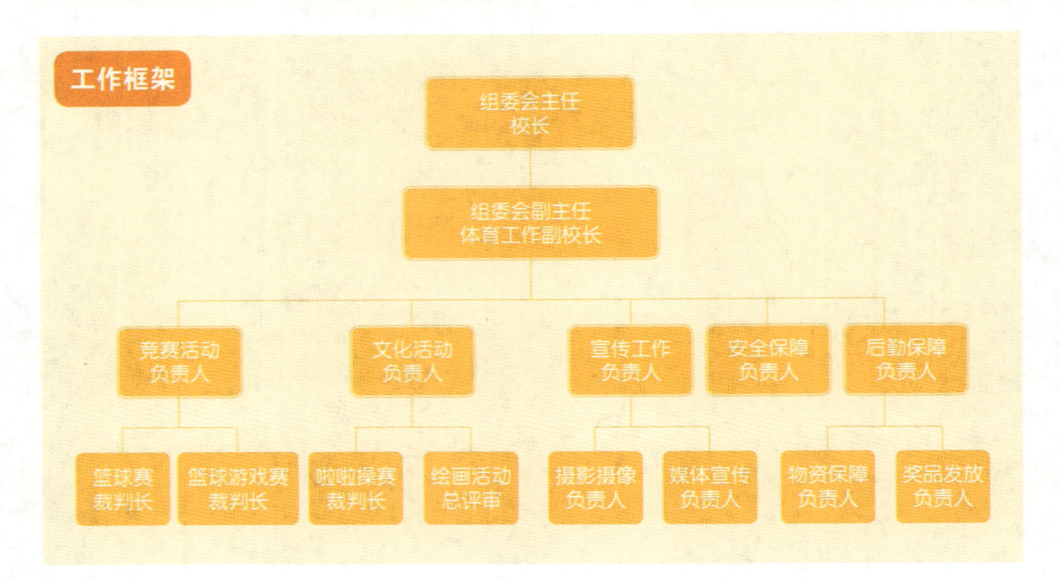

工作框架

```
                    组委会主任
                      校长
                        │
                  组委会副主任
                  体育工作副校长
    ┌──────────┬──────┴──────┬──────────┬──────────┐
  竞赛活动      文化活动       宣传工作    安全保障    后勤保障
  负责人        负责人         负责人      负责人      负责人
  ┌────┬────┐  ┌────┬────┐    ┌────┬────┐          ┌────┬────┐
篮球赛 篮球游戏赛 啦啦操赛 绘画活动 摄影摄像 媒体宣传  物资保障 奖品发放
裁判长 裁判长    裁判长   总评审   负责人   负责人    负责人   负责人
```

146　小篮球教师指导手册

工作职责

	职务	担任人员	职责
主要负责人	组委会主任	校长	负责活动的统筹协调工作
	组委会副主任	体育工作副校长	全面负责总方案制定，统筹协调各部门工作
部门负责人	竞赛活动负责人	体育教研组长	负责篮球赛、游戏赛、活动闭幕式颁奖等竞赛工作
	文化活动负责人	教学工作副校长	负责啦啦操比赛、海报、队徽、队服设计评选工作
	宣传工作负责人	德育工作副校长	负责宣传文稿、照片把关，对外媒体联络
	安全保障负责人	安全保卫干部	负责场地器材安全、应急疏散方案制定等安全保障工作
	后勤保障负责人	后勤总务主任	负责活动物资调配购置工作
具体负责人	篮球赛裁判长	体育教研组长	负责篮球赛竞赛编排，裁判员选派、队员、教练员规则培训，排列比赛成绩等工作
	篮球游戏赛裁判长	体育教师	负责篮球游戏赛规则制定，组织比赛，排列比赛成绩
	啦啦操赛裁判长	音乐组组长	负责啦啦队队长培训，组织啦啦操比赛
	绘画活动总评审	美术组组长	负责海报、队徽、队服设计培训及评审工作
	摄影摄像负责人	信息中心教师	负责活动宣传片制作，为媒体宣传提供照片
	媒体宣传负责人	信息中心教师	负责活动宣传文稿征集，撰写宣传通稿，制作公众号信息
	物资保障负责人	后勤管理教师	负责场地器材设施维修，提供活动必要的物质保障
	奖品发放负责人	后勤管理教师	负责奖状、奖品的购置与发放工作

第七章 校园小篮球欢乐季活动的组织与实施

制定工作流程

××小学"小篮球欢乐季"工作流程图

×月×日 → ×月×—×日 → ×月×日 → ×月×—×日 → ×月×—×日 → ×月×—×日 → ×月×日 → ×月×日

组建组委会 召开会议 → 制定规程 制作宣传片 设置项目 → 发布规程和项目设置 宣传预热 → 开展各项培训工作 → 开展各项竞赛工作 → 统计各项竞赛活动成绩 制作奖状 购置奖品 → 闭幕式表演 颁奖活动 → 各部门总结

↓（开展各项培训工作分支）

海报、队徽、队服设计学生培训 → 班级啦啦操长培训 → 全体班级篮球队队员培训 → 班级篮球队教练员培训

×月×日　×月×日　×月×日　×月×日

↓（开展各项竞赛工作分支）

单挑王 技巧王 投篮王赛 → 班级小篮球联赛 → 班级小篮球游戏赛

×月×—×日　×月×—×日　×月×—×日

↓

三对三女生赛

×月×—×日

↓（培训下行）

小技术官员培训 → 小数据官员培训 → 班级啦啦操比赛 → 海报、队徽、队服设计评选

×月×日　×月×—×日　×月×—×日　×月×日

148　小篮球教师指导手册

项目设置

	一年级	二年级	三年级	四年级	五年级	六年级
小篮球联赛	四对四	四对四	四对四	四对四	五对五	五对五
三对三（女）			三对三	三对三	三对三	三对三
单挑赛			一对一	一对一	一对一	一对一
小篮球游戏对抗赛	运球接力	运球接力	传球接力	传球接力	运球投篮	运球投篮
	集体投篮	集体投篮	集体投篮	集体投篮	集体投篮	集体投篮
个人技巧赛	定点投篮	定点投篮	定点投篮	定点投篮	定点投篮	定点投篮
	运球技巧	运球技巧	运球技巧	运球技巧	运球技巧	运球技巧
花式篮球		单一技巧赛			组合技巧赛	
小篮球文化	海报设计	海报设计	海报设计	海报设计	海报设计	海报设计
			队徽、队服设计	队徽、队服设计	队徽、队服设计	队徽、队服设计
			啦啦操	啦啦操	啦啦操	啦啦操
表演方阵展示	MINI篮球	MINI篮球				
	儿童啦啦操	儿童啦啦操				

培训活动

培训项目	授课人	日期	时间	地点	参与人员	内容
海报、队徽、队服设计培训	美术教师	××月××日	12:30	阶梯教室	爱好美术的学生	海报、队徽、队服设计原则与要素讲解；班级文化与精神提炼；优秀作品赏析
啦啦操队长培训	音乐教师形体教师	××月××日	12:30	篮球馆	班级啦啦操队长及小骨干	啦啦操编排知识与要求，音乐选取原则
比赛小球员培训	体育教师	××月××日	12:30	操场	全体班级参赛小球员	小篮球队员行为准则讲解；比赛规则及特殊规定介绍；比赛流程演练
比赛教练员培训	体育教研组长	××月××日	17:00	阶梯教室	班级球队教练员（班主任、家长、科任教师、外聘教练员）	小篮球教练员、家长行为准则讲解；比赛规则及特殊规定介绍
小技术官员培训	体育教师	××月××日	12:30	操场	四至六年级学生自愿报名参与	小篮球规则、裁判法；裁判员手势训练
小数据官员培训	体育教师	××月××日	12:30	操场	四至六年级学生自愿报名参与	小篮球比赛记分、计时方法；手机数字平台直播；啦啦操音乐播放等培训

活动组织形式

篮球文化活动		
活动项目	组织人员	组织形式
海报、队徽、队服设计	美术组教师	爱好美术学科的学生可以参加，美术教师开展设计培训活动。学生利用课余时间绘制作品，张贴在班级宣传栏进行展示宣传。通过学生投票，评委教师评定，评出优秀作品
啦啦操展示	音乐教师 形体教师	爱好舞蹈的学生自愿组队参加，人数不限，组织活动由队长负责。通过篮球赛开场、中场休息时间进行展示，由音乐、形体教师组成的评审团评审出优秀表演队
MINI 篮球儿童啦啦操	体育教师 音乐教师 形体教师	由体育、音乐或形体教师编排动作，选取音乐。利用体育课、大课间或体育锻炼时间组织演练，并在闭幕式上进行展示

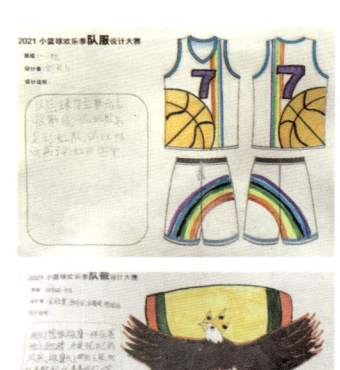

篮球竞赛活动

活动项目	组织人员	组织形式
小篮球联赛	体育教师 班主任	爱好打篮球学生组成班级小篮球队，球队队长负责组织班级训练和参赛活动。体育教师根据班级数量编排竞赛日程，利用体育课、午休、大课间、体育锻炼或周末时间组织开展竞赛活动。组织体育教师和学生投票进行最佳阵容评选
单挑赛	体育教师 班级体育队长	班级体育队长利用课间、午休、大课间、体育锻炼或周末时间组织开展班级单挑赛，选出班级单挑王参加学校组织的年级、校级单挑王比赛
个人技巧赛	体育教师 班级体育队长	体育教师利用体育课部分时间组织全班学生参与定点投篮、运球技巧赛，选出班级投篮王、技巧王，参加学校组织的年级、校级投篮王、技巧王比赛
花式篮球赛	体育教师	由体育教师组织爱好花式篮球活动的学生利用午休或课间操时间开展竞赛活动。项目分为规定动作和自选动作
班级小篮球游戏对抗赛	体育教师 班主任	由体育教师设计游戏内容，并在体育课上组织演练。比赛形式1：在班级小篮球联赛的比赛中，对阵两个班级非参赛学生在中场休息进行游戏对抗，胜者班级比分加5分。比赛形式2：利用午休时间开展全年级对抗赛，决出年级名次

奖项设置

队徽海报设计

队徽设计	一等奖（2人）	二等奖（4人）
海报设计	一等奖（2人）	二等奖（4人）

个人赛

单挑赛	校级单挑王	年级单挑王	班级单挑王
定点投篮	校级投篮王	年级投篮王	班级投篮王
运球技巧	校级技巧王	年级技巧王	班级技巧王

花式篮球赛

花式篮球表演	规定动作	第一名	第二名	第三名	第四名	第五名	第六名
	自选动作	第一名	第二名	第三名	第四名	第五名	第六名

最佳阵容评选

	一年级	二年级	三年级	四年级	五年级	六年级
小篮球联赛	4人	4人	4人	4人	5人	5人
三对三女生赛	3人	3人	3人	3人	3人	3人

最有价值小球员

	一年级	二年级	三年级	四年级	五年级	六年级
小篮球联赛	1人	1人	1人	1人	1人	1人
三对三女生赛	1人	1人	1人	1人	1人	1人

优秀小数据官员

	四年级	五年级	六年级
小篮球欢乐季	若干	若干	若干

优秀小技术官员

	四年级	五年级	六年级
小篮球欢乐季	若干	若干	若干

最佳教练员

	一年级	二年级	三年级	四年级	五年级	六年级
小篮球联赛	1人	1人	1人	1人	1人	1人

集体奖项

小篮球联赛	第一名	第二名	第三名（若干）
三对三女生赛	第一名	第二名	第三名（若干）
小篮球游戏对抗赛	第一名	第二名	第三名（若干）

闭幕式

闭幕式活动流程

时间	内容	负责人	颁奖嘉宾	备注
9:00—9:02	主持人宣布闭幕式开始	主持人		
9:02—9:05	一、二年级儿童啦啦操方阵展示	一、二年级形体教师		音乐
9:05—9:10	校长致辞	主持人		话筒
9:10—9:15	颁奖1：海报、队徽、队服设计	颁奖负责教师	×××等	奖状
9:15—9:20	校级单挑王决赛	体育教师	×××等	单挑王标牌
9:20—9:25	颁奖2：花式篮球比赛	颁奖负责教师	×××等	奖状
9:25—9:30	学校花式篮球队表演	花式篮球教练员		音乐
9:30—9:35	颁奖3：小篮球班级游戏对抗赛	颁奖负责教师	×××等	奖杯
9:35—9:40	校级投篮王决赛、校级技巧王决赛	体育教师	×××等	投篮、技巧王标牌
9:40—9:45	颁奖4：最佳阵容、最佳小球员、最佳教练员	颁奖负责教师	×××等	奖状
9:45—9:50	最佳小球员代表、最佳教练员发表感言	主持人		话筒
9:50—9:53	颁奖5：啦啦操表演	颁奖负责教师	×××等	奖状
9:53—10:00	优秀啦啦操队表演	班主任		音乐
10:00—10:05	颁奖6：小篮球联赛	颁奖负责教师	×××等	奖杯
10:05—10:10	颁奖7：三对三女生赛	颁奖负责教师	×××等	奖杯
10:10—10:20	比赛：女生三对三最佳阵容—教师代表队	女篮教练员		裁判员1名
10:20—10:25	颁奖8：优秀小技术官员、小数据官员	颁奖负责教师	×××等	奖状
10:25—10:28	一、二年级MINI篮球方阵展示	一、二年级体育教师		音乐
10:28—10:30	校长或嘉宾宣布"小篮球欢乐季"闭幕	主持人		话筒

第八章 小篮球竞赛规则与组织编排

小篮球竞赛规则的设定是为了让比赛适合小学生的身心发展规律，比赛过程更为安全和流畅，防止任何一支球队获得不公平的优势。如果没有规则，小篮球比赛将难以进行，极易变得混乱不堪而失去育人的核心目标。以下是一些基本的小篮球规则介绍，以及适合校园小篮球体育课教学和竞赛活动的规则变换形式。

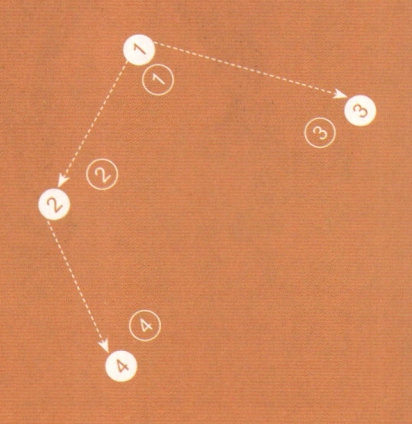

不同年级器材、场地、比赛形式

	一、二年级	三、四年级	五、六年级
篮球大小	4号球	5号球	5号球
篮筐高度	2.35米	2.60米	2.75米
场地尺寸	15米×12米	15米×12米	28米×15米
比赛形式	四对四为主	四对四为主、五对五、三对三	五对五为主、三对三

不同年级教学比赛规则的变通

	一、二年级	三、四年级	五、六年级
两次运球	每次控球允许出现一次或两次	初学者采用，有一定基础的将被判罚违例	判罚
带球走	在起步或停止运球时，允许多走一步		
不抢手中球	防守队员不能将球从两只手握住球的进攻队员手中拿走		
3秒规则	不判罚		
5秒规则	不判罚		

小篮球五对五比赛规则

场 地

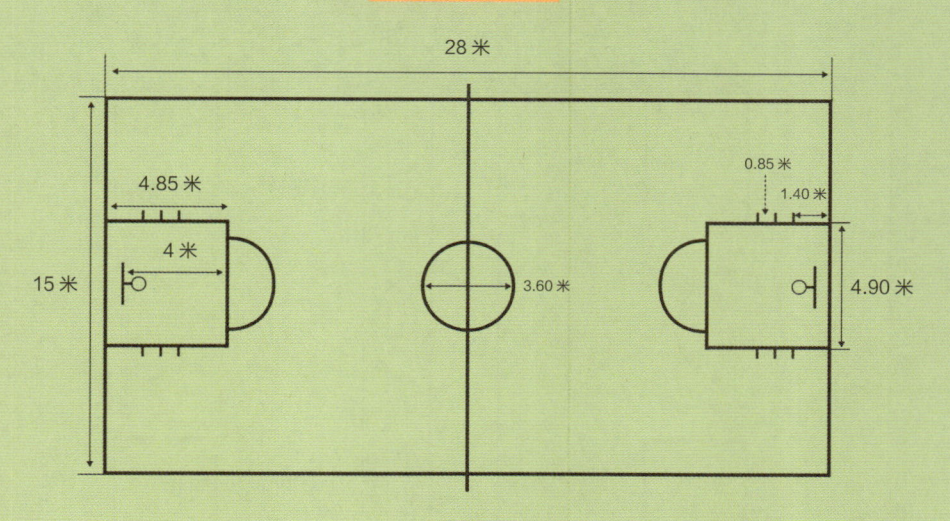

（28米 × 15米；罚球区 4.85米、4米；限制区 0.85米、1.40米、4.90米；中圈 3.60米）

规 则

- 删减了 8 秒进入前场限制
- 删减了 24 秒进攻时间限制
- 删减了 3 分投篮得分
- 删减了追加罚球
- 删减了全队犯规处罚

- 罚球线距离篮板 4 米

- 比赛上、下半时分别有一次可登记的暂停，时长 30 秒

- 五、六年级：比赛时间 4×6 分钟
- 体育课教学赛：比赛时间 2×10 分钟

- 唯一的防守形式是人盯人防守形式

- 教练员应将本队的 12 名队员分成两组阵容，每组 6 名队员，其中 5 名场上队员，1 名替补队员，分别参加第 1 节比赛和第 2 节比赛。半时结束，教练员可重新调配两组阵容，分别参加第 3 节、第 4 节比赛。

- 第四节比赛结束比分相同时的罚球决胜。确定罚球球篮和罚球顺序的方式：两队队长猜拳（或猜币）选择罚球球篮或罚球次序，一方先选择罚球球篮，则另一方可以选择先罚球或者后罚球，一方选择了先罚球或者后罚球，则另一方可以选择罚球的球篮。

第八章 小篮球竞赛规则与组织编排

小篮球四对四比赛规则

场 地

- 3米
- 缓冲区 2米
- 4米
- 15米
- 12米
- 球队席
- 记录台
- 球队席

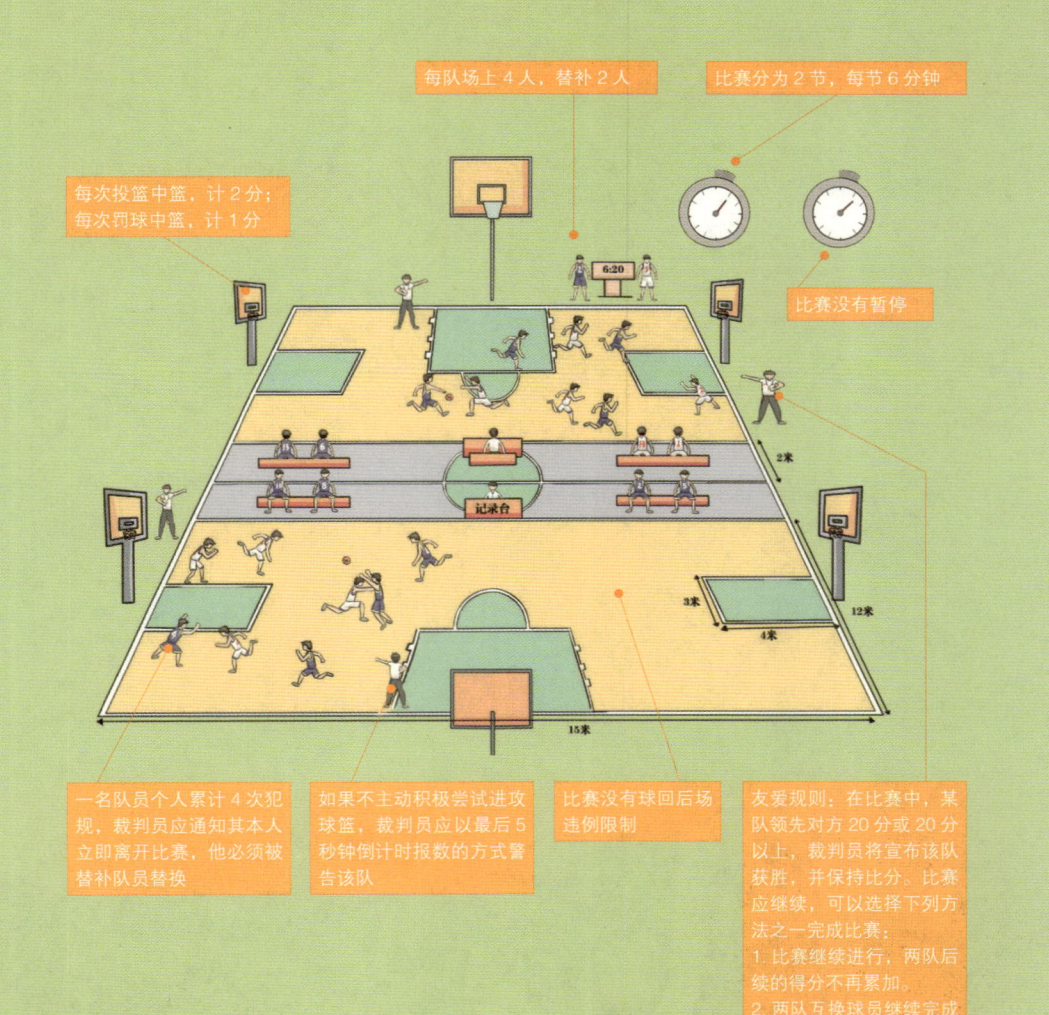

规 则

每队场上 4 人，替补 2 人

比赛分为 2 节，每节 6 分钟

每次投篮中篮，计 2 分；每次罚球中篮，计 1 分

比赛没有暂停

一名队员个人累计 4 次犯规，裁判员应通知其本人立即离开比赛，他必须被替补队员替换

如果不主动积极尝试进攻球篮，裁判员应以最后 5 秒钟倒计时报数的方式警告该队

比赛没有球回后场违例限制

友爱规则：在比赛中，某队领先对方 20 分或 20 分以上，裁判员将宣布该队获胜，并保持比分。比赛应继续，可以选择下列方法之一完成比赛：
1. 比赛继续进行，两队后续的得分不再累加。
2. 两队互换球员继续完成比赛。
3. 继续比赛但改变分值。

第八章 小篮球竞赛规则与组织编排

小篮球三对三比赛规则

场 地

11 米

罚球线延长线以上

罚球线延长线以下

15 米

规 则

比赛开始猜币选择发球权。比赛不允许暂停。

如果在常规比赛时间结束之前，某队率先得到11分（也可根据年龄采用9分、7分）以上则获胜。如果常规比赛时间结束时比分相等，则进行决胜期比赛。在决胜期中率先取得1分的球队获胜。

每队场上3人，替补1人。

比赛时间5分钟。

发生跳球情况时，由之前场上的防守队获得球权。

每投中或罚中球篮得1分。

替补队员在其队友离开场地并与之发生身体接触（拍手）后，方可进入比赛场地。

死球状态下给予任一队的球权，应以双方在罚球线延长线以上交换球开始，即一次罚球线延长线以上（防守队与进攻队队员之间）的传递球。

如果不主动积极尝试进攻球篮，裁判员应以最后5秒钟倒计时报数的方式警告该队。

投中或罚中球后，原进攻队队员不得在限制区内抢断球。

投中或罚中球后，非得分队队员要将球传至或运出罚球线延长线以上，方可重新组织进攻。

15米

11米

第八章 小篮球竞赛规则与组织编排

161

● **裁判员的常见手势**

小篮球的规则由裁判员来执行，在小学生的篮球比赛中，通常由两名裁判员执裁。他们在比赛中有许多职责，包括鸣哨制止违例、犯规行为，给予球队暂停、换人等。同时要与计时员、记分员沟通，还要与小队员、教练员和观众进行交流和沟通，这就要通过裁判员的执裁手势来进行了。以下介绍一些小篮球裁判员常用的手势供体育教师学习应用。

1、2分球	取消得分	停止比赛计时	带球走	两次运球
1指1分，2指2分，从腕部挥动	体前交叉挥动双臂	（示）掌心，手指并拢	旋转拳头，转动双拳	轻拍手势

3秒违例	5秒违例	球回后场违例	脚踢球	跳球情况
侧向示意三指	示意五指	（来回）伸展手指	手指脚部	（双手）拇指上举

侵人犯规	指出犯规队员号码	推人	非法用手	拉人
紧握拳上举	上举队员号码	示意犯规，模仿推	示意犯规，击打手腕	示意犯规，抓住手腕

阻挡	撞人	双方犯规	技术犯规	违反体育道德的犯规
双手置于髋关节上	紧握拳击打手掌心	挥动紧握的双拳	两手掌成T字形	抓住手腕

取消比赛资格的犯规	2次罚球	1次罚球	暂停	替换
双拳上举	手指并拢	（示）食指	手掌和手指成T字形	双臂交叉

第八章　小篮球竞赛规则与组织编排

● 常用的编排方法

小篮球比赛经常采用的赛制有循环制、淘汰制和混合制，体育教师在学校开展班级小篮球比赛时可以根据比赛的队数、天数和场地数量选择相应的赛制进行比赛。

单循环赛制

单循环赛制是所有参加比赛的队均能相遇一次，最后按各队在全部比赛中的积分、净胜分排列名次。如果学校班级不多，而且时间和场地都有保证，通常都采用这种竞赛方法。

3 个班级

轮次表

第一轮	第二轮	第三轮
1—0	1—3	1—2
2—3	0—2	3—0

注：
1. "1"号位不动，其他号位逆时针轮转。
2. "0"号位为轮空。
3. 号位可以直接代入班级，也可以让班级抽签确定号位。

日程表

日期	时间	轮次	组别	比赛队	场地	场序
××月××日（周×）	12:30	第一轮	三年级	三年级2班—三年级3班	篮球场	1
××月××日（周×）	12:30	第二轮	三年级	三年级1班—三年级3班	篮球场	2
××月××日（周×）	12:30	第三轮	三年级	三年级1班—三年级2班	篮球场	3

4 个班级

轮次表

第一轮	第二轮	第三轮
1—4	1—3	1—2
2—3	4—2	3—4

日程表

日期	时间	轮次	组别	比赛队	场地	场序
××月××日（周×）	12:30	第一轮	四年级	四年级1班 — 四年级4班	篮球场	1
	15:30		四年级	四年级2班 — 四年级3班	篮球场	2
××月××日（周×）	12:30	第二轮	四年级	四年级3班 — 四年级1班[1]	篮球场	3
	15:30		四年级	四年级4班 — 四年级2班	篮球场	4
××月××日（周×）	12:30	第三轮	四年级	四年级3班 — 四年级4班[2]	篮球场	5
	15:30		四年级	四年级1班 — 四年级2班[2]	篮球场	6

注：
1. 通过号位前后调整，调节主客队，避免同一球队整个比赛都是主队或客队。
2. 通过同一轮次两场比赛调整，调节比赛时间，避免同一球队每天都是同一时间段进行比赛。

5个班级

轮次表

第一轮	第二轮	第三轮	第四轮	第五轮
1—0	1—5	1—4	1—3	1—2
2—5	0—4	5—3	4—2	3—0
3—4	2—3	0—2	5—0	4—5

日程表

日期	时间	轮次	组别	比赛队	场地	场序
××月××日（周×）	午休	第一轮	五年级	五年级2班 — 五年级5班	篮球场	1
	体育锻炼		五年级	五年级3班 — 五年级4班	篮球场	2
××月××日（周×）	午休	第二轮	五年级	五年级1班 — 五年级5班	篮球场	3
	体育锻炼		五年级	五年级2班 — 五年级3班	篮球场	4
××月××日（周×）	午休	第三轮	五年级	五年级5班 — 五年级3班	篮球场	5
	体育锻炼		五年级	五年级4班 — 五年级1班	篮球场	6
××月××日（周×）	午休	第四轮	五年级	五年级1班 — 五年级3班	篮球场	7
	体育锻炼		五年级	五年级4班 — 五年级2班	篮球场	8
××月××日（周×）	午休	第五轮	五年级	五年级1班 — 五年级2班	篮球场	9
	体育锻炼		五年级	五年级4班 — 五年级5班	篮球场	10

淘汰赛制

单淘汰赛制，即一些球队两两比赛，一次直接淘汰败者，最终剩下一支胜队的赛制。多用于球队多、比赛天数少、场地少的情况。三对三、一对一斗牛等比赛较为适用。

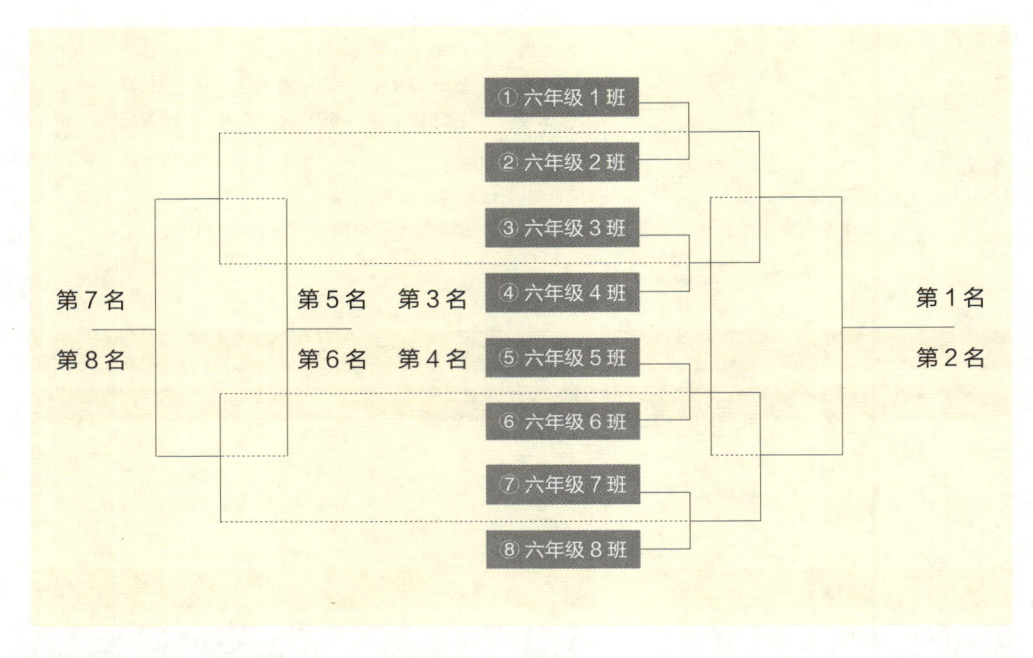

```
                    ① 六年级 1 班
                    ② 六年级 2 班
                    ③ 六年级 3 班
第 7 名   第 5 名  第 3 名  ④ 六年级 4 班      第 1 名
第 8 名   第 6 名  第 4 名  ⑤ 六年级 5 班      第 2 名
                    ⑥ 六年级 6 班
                    ⑦ 六年级 7 班
                    ⑧ 六年级 8 班
```

注：号位可以直接代入班级，也可以让班级抽签确定号位。

混合赛制

混合赛制就是将循环赛制与淘汰赛制等方法在比赛中先后使用，最后决出比赛名次。混合赛制综合了循环赛和淘汰赛的优点，弥补了两者的不足，既有利于参赛者相互交流，最大限度地减少比赛胜负的偶然性。同时，随着比赛的进程，比赛逐渐进入高潮，精彩激烈。混合赛可以分几个阶段进行，一般以分两个阶段进行较多。第一阶段常采用"分组循环赛"，第二阶段则采用"淘汰赛"的比赛方法。

6个班级

第一阶段：6个班级分成两组（A组、B组），分别进行单循环比赛排出小组名次。

轮次表

A组

第一轮	第二轮	第三轮
1—0	1—3	1—2
2—3	0—2	3—0

B组

第一轮	第二轮	第三轮
1—0	1—3	1—2
2—3	0—2	3—0

第二阶段：交叉淘汰赛和同名次淘汰赛。

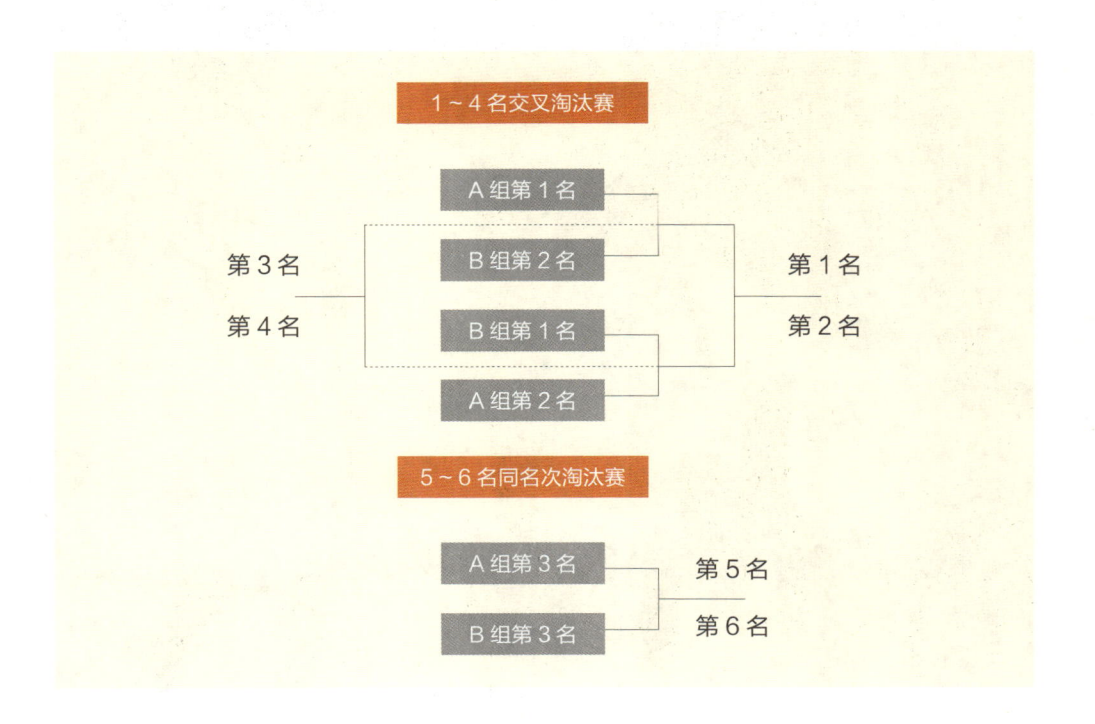

1~4名交叉淘汰赛

```
          A组第1名 ┐
                   ├─┐
第3名 ┌── B组第2名 ┘ │    第1名
      │                  ├──
第4名 └── B组第1名 ┐ │    第2名
                   ├─┘
          A组第2名 ┘
```

5~6名同名次淘汰赛

A组第3名 ┐ 第5名
         ├──
B组第3名 ┘ 第6名

日程表

日期	时间	轮次	组别	比赛队	场地	场序
××月××日（周×）	午休	第一轮	三年级A组	三年级2班 — 三年级3班	篮球场	1
	体育锻炼		三年级B组	三年级5班 — 三年级6班	篮球场	2
××月××日（周×）	午休	第二轮	三年级A组	三年级1班 — 三年级3班	篮球场	3
	体育锻炼		三年级B组	三年级4班 — 三年级6班	篮球场	4
××月××日（周×）	午休	第三轮	三年级A组	三年级1班 — 三年级2班	篮球场	5
	体育锻炼		三年级B组	三年级4班 — 三年级5班	篮球场	6
××月××日（周×）	午休	半决赛	1~4名交叉赛	A组第1名 — B组第2名	篮球场	7
	体育锻炼		1~4名交叉赛	B组第1名 — A组第2名	篮球场	8
××月××日（周×）	午休	决赛	5、6名决赛	A组第3名 — B组第3名	篮球场	9
	体育锻炼		3、4名决赛	A1/B2 负 — B1/A2 负	篮球场	10
××月××日（周×）	午休		1、2名决赛	A1/B2 胜 — B1/A2 胜	篮球场	11